ALQUIMIA DA TRANSMUTAÇÃO

INTELIGÊNCIA EMOCIONAL E EXPANSÃO DA CONSCIÊNCIA

ALQUIMIA DA TRANSMUTAÇÃO

RENATA GAIA

ALQUIMIA DA TRANSMUTAÇÃO

INTELIGÊNCIA EMOCIONAL E EXPANSÃO DA CONSCIÊNCIA

© 2019, Editora Anúbis

Revisão:
Rosemarie Giudilli

Projeto gráfico e capa:
Edinei Gonçalves

Apoio cultural:
Rádio Sensorial FM web
www.sensorialfm.com.br

Dados Internacionais de Catalogação na Publicação (CIP)
Agência Brasileira do ISBN - Bibliotecária Priscila Pena Machado CRB-7/6971

```
G137  Gaia, Renata.
         A alquimia da transmutação / Renata Gaia. —
      São Paulo : Anubis, 2019.
         160 p. ; 23 cm.

         ISBN 978-85-67855-63-9

         1. Alquimia - Aspectos psicológicos. 2. Autoajuda.
      3. Autoconsciência. 4. Transformação pessoal. I. Título.

                                                     CDD 155.7
```

São Paulo/SP – República Federativa do Brasil
Printed in Brazil – Impresso no Brasil

Este livro segue as novas regras do Acordo Ortográfico da Língua Portuguesa.

Os direitos de reprodução desta obra pertencem à Editora Anúbis. Portanto, não é permitida a reprodução total ou parcial desta obra, de qualquer forma ou por qualquer meio eletrônico, mecânico, inclusive por meio de processos xerográficos, incluindo ainda o uso da internet, sem a permissão expressa por escrito da Editora (Lei nº 9.610, de 19.2.98).

Distribuição exclusiva
Aquaroli Books
Rua Curupá, 801 – Vila Formosa – São Paulo/SP
CEP 03355-010 – Tel.: (11) 2673-3599
atendimento@aquarolibooks.com.br

Esse livro é para todos e para ninguém.

Assim falou Zaratustra

Sumário

Prefácio.. 9

Capítulo I – Panorama Geral 11

    Primeira Fatia: Pré-Jardim 17

    Segunda fatia: Jardim de Infância 18

    Terceira fatia: Ensino Fundamental 18

    Quarta fatia: Ensino Médio......................... 19

    Quinta fatia: Faculdade / trabalho 20

    Sexta fatia: Mestrado – doutorado 21

Capítulo II – Qual o medo por trás da cena 25

    A Continuação da Vida de Sofia 35

    A Continuação da Vida de João 40

    A Continuação da Vida de Marcos 44

Capítulo III – Análise dos Casos – Vida 49

    Paraíso: O lugar onde todos desejam viver 50

    A Terra e o Paraíso 54

    A história de Marcos, João e Sofia: Planeta Paraíso – Terra... 55

        Exercício Inicial: 59

Capítulo IV – Iniciação à Alquimia da Transmutação 61

    Parte I... 61

Capítulo V – Princípios da Alquimia da Transmutação 65

Capítulo VI – O sentido do Paladar................... 73

    Iniciação da transmutação do sentido paladar 74

        Primeiro passo:................................... 75

– Alquimia da Transmutação –

Capítulo VI – Sentido da Audição. 79

Capítulo VII – O sentido do Olfato 87

Capítulo VIII – O sentido do Tato. 91

Capítulo IX – O Sentido da Visão 101

Capítulo X – A história da humanidade – Uma Lenda ou poderia

ser verdade!. 107

Capítulo XII – Os 10 Estados de Vida. 113

Estado de inferno 113

Estado de fome. 114

Estado de animalidade 114

Estado de ira 115

Estado de alegria. 115

Estado de contemplação. 116

Estado de erudição. 116

Estado de absorção 118

Estado de botisatva 118

Estado de Buda. 119

Capítulo XIII – Os Sentidos Abstratos – Dons Originais. 121

O dom da fé 125

O dom do amor 126

O dom do conhecimento 128

O dom da justiça. 129

O dom ordenador 130

O dom da evolução 130

O dom da geração 131

Capítulo XIV – O Grande Encontro 133

Epílogo – Despedida – até breve! 155

Os Discursos de Zaratustra – Das Três Transformações 156

Prefácio

Bom dia, boa tarde e boa noite a todos os que agora abriram este livro para analisar o conteúdo e verificar o interesse em adquiri-lo.

Agradeço mesmo sem conhecê-lo(a), pois tenho certeza que de alguma maneira o título deste livro chamou sua atenção, logo a sua busca hoje está embarcada em encontrar a plenitude do seu ser e o equilíbrio entre tudo e todos os que vivem na Terra.

É possível viver no caos em que nos encontramos hoje, sem ser contaminados por ele? É possível ter qualidade de vida? É possível sentir e viver a plenitude da paz? É possível crescer intelectualmente e profissionalmente? É possível encontrar um verdadeiro companheiro(a)? É possível ter sucesso nos empreendimentos e na vida profissional sem estar no estado de competição?

Enfim, é possível fazer a roda da vida girar harmonicamente e assim colaborar com o desenvolvimento sustentável do planeta e da vida?

A resposta a todos os questionamentos é SIM, é possível, desde que de fato tenham a disposição de mudar, de ser flexíveis, de não julgar, de compartilhar e somar, de enxergar o planeta como uma grande unidade. Se este for o foco, tudo é possível!

Despertei às três horas do dia 27 de dezembro de 2015, com o chamado interior de começar a escrever sobre o que antes ainda não tinha sido revelado. Percebi que este livro seria a compilação de muito o que já havia sido dito em todo o planeta, entretanto em pedaços, e que estaria iniciando um processo de organizar os ensinamentos para que toda a mente tivesse o direito de escolher.

Utilizando toda a minha disposição, iniciei esse processo, considerando que todas as pessoas que tivessem acesso a este livro, definitivamente, passariam a ter no coração toda a autoridade de mudar a vida, de mudar a história individual, e dessa forma serem colaboradores para a grande mudança do Planeta Terra, a nossa grandiosa e iluminada GAIA.

Sem pretensão de ser a detentora da verdade, convido a todos a experimentar o que aqui informo, convido a todos os que desejarem a vivenciar as experiências que aqui serão descritas, e os exercícios que aqui serão ensinados, e somente depois, com base em um processo de desenvolvimento da inteligência emocional, criarem para si um contexto de crescimento e de vivência, podendo com evidências formar pensamentos que fortaleçam tudo o que viveram e as grandes transformações que puderam ver acontecer na vida pessoal, profissional e em todo o contexto social de onde vivem.

Sem me prolongar mais, agradeço a todos os que adquiriram o livro. Vamos juntos iniciar o processo de mergulho em um conhecimento oculto, porém acessível a todos; vamos experimentar juntos o que chamo de Alquimia da transmutação, que se desdobrará nos capítulos a seguir, desenrolando a trajetória da vida humana.

Renata Gaia

CAPÍTULO I

Panorama Geral

Em busca de uma luz no fim do túnel! Essa é a verdadeira crise, uma crise mundial em que a humanidade se encontra.

Onde moramos? Alguns diriam, no Brasil, na França, no Rio de Janeiro, enfim, todos sem pensar indicariam o seu Estado, país ou, quem sabe, diriam seu endereço como referência, e, permeando essa resposta, se manteriam como sendo a única.

Vamos retomar a perguntar "Onde vivemos?" e vamos agora pensar um pouco, eliminando as divisas colocadas pela humanidade durante milhões de anos, fruto de guerra para se conquistar terras e ali iniciar um processo de opressão e soberania pelo poder imposto aos mais fracos, eliminando qualquer fronteira ilusória de poder, de cultura, de língua, cor ou credo, onde vivemos, onde moramos, onde existimos?

Todos agora começariam a pensar não de forma separada, mas como uma unidade, e assim responderiam: na TERRA.

Vamos nos aprofundar um pouco mais – onde exatamente fica a TERRA? O que dizem os grandes cientistas sobre isso? Pesquisando um pouco encontramos à luz da ciência as afirmações de que a TERRA se localiza no seguinte endereço: Se fizermos uma analogia, diríamos que o país onde a Terra se localiza se chama galáxia, na cidade chamada Via Láctea onde a cidade é o sistema solar, a rua é a trajetória que a Terra faz em torno do sol. Nesse caso, a Terra possui grandes e especiais vizinhos – podemos citar um dos mais valiosos: a Lua. Bem, esse é um endereço que estudamos nas escolas e que aprendemos a acreditar, porém abaixo vamos descrever o caminho percorrido pela comunidade científica quanto a isso.

O conhecimento da localização da Terra no Universo tem sido moldado por 400 anos, expandindo radicalmente no último século. Primeiramente, acreditava-se que a Terra era o centro do Universo, logo depois aceitou-se a possibilidade do modelo heliocêntrico, isso no século XVII. Por volta do século XX, novamente a comunidade científica, após as observações das nebulosas espirais, teve de alterar conceitos, estabelecendo outro como o correto, onde era dito que nossa galáxia era apenas uma dentre milhares de milhões em um Universo em expansão, agrupadas em complexos e superaglomerados.

Logo em seguida, no século XXI, a estrutura geral do Universo visível estava se tornando mais claro para essa comunidade, com superaglomerados formando uma vasta teia de filamentos e vazios, onde esses superaglomerados de galáxias, filamentos e vazios são provavelmente as maiores estruturas coerentes que existem no Universo em escalas ainda maiores. Então, o Universo se torna significado homogêneo e todas as suas peças têm em média a mesma densidade, composição e estrutura.

Mesmo diante de tantas alterações sobre conceitos perfeitos, ainda hoje essa comunidade acredita não haver centro ou borda no Universo, não havendo assim nenhum ponto de referência específico com o qual se possa traçar a localização geral da Terra no Universo. Por conta disso, a ciência hoje afirma que a Terra se localiza no centro do Universo observável, pois sua observação é determinada por sua distância da Terra. Além disso, há especulações de que nosso Universo possa ver apenas um dos incontáveis trilhões dentro de um maior multiverso, contido dentro do Om Universos.

Observamos, após a explanação acima, que poderíamos, depois de tantos achismos, troca, troca de certo e errado, acrescentar tantos fatores só observados tempos depois, que muita coisa ainda está por vir, logo o melhor a dizer seria: "Só sei que nada sei!". Diante desse endereço lúdico, que se altera a cada século, a única certeza que temos é que por enquanto estamos aqui, o que pode mudar tempos à frente!

– Panorama Geral –

O que de fato importa nessas afirmações é que fazemos parte de um todo muito maior, onde tudo funciona como complemento, onde existe uma harmonia natural, bela e perfeita, completamente orquestrada.

A ciência ainda busca explicações para toda essa funcionalidade tão sincronizada e natural, mas enquanto não obtém melhores respostas permanece afirmando que tudo isso é uma obra do puro acaso. Contudo, temos certeza de que precisamos assegurar que a harmonia permaneça, pois o equilíbrio é a garantia de nos mantermos onde estamos.

Por meio de uma analogia, imaginemos que o Universo seja um corpo humano, cujos planetas, constelações, dimensões funcionam como as células, os órgãos, os sentidos. Ao construirmos esse cenário conseguimos visualizar que a saúde desse corpo/Universo depende do funcionamento harmônico de tudo o que nele existe, pois se algum desses órgãos falhar, começar a ficar cansado, ou parar, o corpo/Universo morre.

Ampliando um pouco mais essa analogia, imaginemos que nesse corpo/Universo fosse observado um tumor que trouxesse enorme desequilíbrio para toda estrutura de vida, o que fariam os humanos se tivessem o poder de comandar esse corpo/Universo? Certamente, tratariam de receitar a retirada desse tumor, ou um tratamento com quimioterapia e radioterapia para que o mesmo fosse vencido e parasse de crescer.

Acredito que alguns dos senhores já tenham ouvido a afirmativa: Tudo o que existe no micro encontramos no macro. Muito bem, o que estamos afirmando quando dizemos isso é que o funcionamento do corpo humano, sua vitalidade, força e vida assemelha-se ao funcionamento do Universo, e que a ausência de cuidados afeta toda esta unidade; os maus-tratos oferecidos à Mãe TERRA influenciam diretamente o funcionamento do corpo humano e do Universo como um todo.

Diante do exposto, se todos agora pudessem fornecer um diagnóstico para a Mãe Terra, o que falariam? Qual seria o melhor remédio? Que medidas imediatas deveriam ser tomadas? O que estamos fazendo de verdade?

Considerando a nossa parte nessa unidade chamada Terra, vamos agora voltar os nossos corações para ela, a nossa Gaia, e ver em que órgão fundamental fazemos parte, e de que forma estamos trabalhando: com vitalidade força e saúde, ou estamos doentes!

Sabemos que o planeta é saudável sozinho, em suas terras, águas, ar e em tudo nele existe equilíbrio, vida e muita energia vital. A Terra não está atrapalhando o equilíbrio cósmico, ela está perfeitamente adaptada à constelação que habita, no entanto, os tumores que nela existem, similarmente, o povo que nela vive, esses seres, sim, ainda não entenderam o quanto são dependentes dessa grande Mãe, o quanto precisam cuidar dela.

O que observamos é exatamente o contrário, pois o povo que vive na Terra acredita poder e saber tudo; cria novos conceitos para que as coisas funcionem melhor, contudo, tudo funcionaria muito melhor se o povo da Terra se colocasse feito filhos da grande Mãe, não como maus padrastos e más madrastas.

Tenho uma pergunta aos grandes desta época planetária: Por acaso, existia um grande cientista, um grande homem, um grande pensador, ou qualquer grande que queiram, autor da criação da Terra, do Universo, da galáxia, dos planetas, ou melhor, antes dos seres humanos existirem havia um ser humano orquestrando toda essa grande construção? Existiam regras e normas ditando nomes, ditando onde cada coisa deveria estar e ficar?

Não, claro que não, e tudo funcionou tão bem que aqui estamos nós. Se os seres humanos não interferirem, e respeitassem a existência de tudo, e compreendessem que todos fazemos parte de um todo onde não existe mais importante, menos importante, uma vez que somos um povo que juntos, sem julgamento nem competição, formamos a força da unidade deste grande planeta Terra, aí sim sairíamos da doença para a sanidade e a saúde.

Faremos agora uma divisão muito clara das faixas de evolução planetária, a fim de observarmos que as divisões dessas faixas não são baseadas na parcela de riqueza ou de conhecimento intelectual que temos, mas nos valores de unidade que existem de fato em cada um de nós, e o quanto amamos uns aos outros como a nós mesmos.

Esses são os parâmetros utilizados aqui para efetuar as divisões das faixas de evolução desse povo que habita esse grande planeta chamado Mãe Terra.

Para mais entendimento, faremos uma analogia com a forma de educação escolar que hoje rege a Terra, enquadrando as diversas categorias de pessoas que fazem parte deste povo chamado humanidade dentro desse modelo escolar, porém o foco é a divisão na evolução planetária.

Ninguém tem dúvida que para sermos considerados seres humanos precisamos nascer de um pai e de uma Mãe humanos, ou melhor, sermos o resultado do encontro de um espermatozoide com um ou mais óvulos humanos, além de precisarmos nascer no planeta Terra. Ao olharmos por dentro dos seres humanos o que encontramos é sempre a mesma coisa enquanto órgãos, formato, tamanho, função, cor. Caso falte algum órgão, ou se algum tiver formato, tamanho ou cor diferenciados, imediatamente aquele ser é considerado diferente, com problemas e não conseguira viver plenamente como ser humano, não é verdade?

Para ilustrar ainda mais o que estamos falando, citamos os casos de crianças que nascem com cérebros menores do que os considerados normais, por isso certamente não vão conseguir ter uma vida completamente normal, pois até o formato externo é diferente ao dos humanos tidos normais. Observa-se, então, que para ser humano todos precisam ser iguais por dentro e semelhantes por fora!

É óbvio que não estamos falando de genética, não, uma vez que sabemos que existe diferença entre tudo e todos, o que estamos falando e que todos precisamos de um coração, dois pulmões, dois rins, e assim sucessivamente; claro que vivemos com um rim, porém o ser humano é formado de órgãos com funções iguais e quantidade iguais inicialmente.

Por exemplo, ao pegarmos dois homens e duas mulheres e retirar a pele dos dois, ninguém conseguiria dizer quem é quem, só conseguiríamos dizer que dois são homens e duas são mulheres, não é mesmo?

O que verdadeiramente diferencia os seres que vivem no planeta Terra? Como são formadas as diferenças?

Sem medo de errar, todas as diferenças começam a acontecer no momento em que chegamos aqui nesse planeta, onde os conceitos e julgamentos são formados, onde começamos a nos apropriar do que chamamos de identidade individual e, a partir daí, começamos a dar nomes às coisas, a dividir tudo, a criar conceitos, desenvolver o ego, a dualidade, a dividir e pontuar o certo e o errado.

Para quem acredita em carma, quando começamos a respirar neste planeta iniciamos o nosso processo de morrer e é quando temos oportunidade de amenizar ou extinguir os carmas, sendo assim, passamos a correr atrás de sermos aceitos, e com isso perdemos nossa identidade e adquirimos uma identidade em nos.

Imaginemos agora que todos, sem exceção, fossem criados sob os ensinamentos da unidade, dos valores do amor universal, em que os conceitos não fossem embasados no certo e errado, mas no bom, no belo e puro, e no ideal comum.

Imaginemos que todos os seres ao chegarem na Terra fossem educados a amar o outro como a si mesmo, que pudessem ver e experimentar com todos os que aqui já estivessem vivendo o exemplo de amor, de unidade, como seriam as pessoas? Como elas cresceriam? Onde estariam as diferenças? Acredito que essas diferenças seriam percebidas somente na cor dos olhos, pele, tipo de cabelo, o que na verdade não se traduz em diferença!

Podemos igualar isso aos tipos diferentes de pássaros, de borboletas, de árvores, enfim, pássaro é pássaro, borboleta é borboleta, árvore é árvore; se não fizermos divisão, não viveremos a dualidade, pois o que temos como valores é a unidade, desta forma conseguimos ver que tudo é uma coisa só, e que tudo junto forma o grande campo de força dentro de um planeta chamado Terra.

Bem, considerando o momento atual dos indivíduos que habitam a Mãe Terra, o que vemos é a dualidade, é o ego atuando no seu mais puro estado de competição. Para ilustrar melhor esses tempos, propomos uma divisão para que o propósito da Alquimia da Transmutação fique

– Panorama Geral –

muito bem entendido, pois não estou propondo milagres, ou propondo que mudem o pensamento: se pensam coisas ruins agora pensem coisas boas e aí tudo mudará; não é isso O que proponho é uma retomada ao autoconhecimento, e ao retorno para si mesmo. A proposta é que experimentem a Alquimia da transmutação e assim possam ser livres para escolher viver ou não.

Dividindo o crescimento e aprendizado da alma, consideramos o crescimento quanto a valores universais como o amor, a unidade, e principalmente o amai-vos uns aos outros como a si mesmo, para dividir as escalas abaixo.

Dividindo em fatias, faremos uma reflexão sobre a humanidade que habita Gaia.

Primeira Fatia: Pré-Jardim

A ausência de amor seja consigo mesmo ou com o próximo qualifica os seres que ainda estão nesse estágio, portanto, podemos aqui colocar toda a classe de pessoas que hoje vive nas drogas, os bandidos e ladrões de todo gênero, os mentirosos e enganadores, os manipuladores de qualquer espécie, os egoístas, os desonestos e corruptos, todos esses estão no pré-jardim.

Por muitos, sentimentos de pena, dor, benevolência, pois acreditamos que vivem à parte da sociedade sofrendo as maiores humilhações, dificuldades morais e sociais, e nunca tiveram oportunidades de ser melhores. Em contrapartida, por outros que também estão no Pré-Jardim sentimos raiva, indignação, desprezo, e, então, estamos falando dos desonestos, corruptos, mentirosos, manipuladores, toda classe política que rouba da população o direito de uma vida digna, vislumbrando somente os interesses próprios; os pobres de alma, os homicidas, enfim todos os que de forma medíocre vivem, todos juntos estão no pré-jardim. Não importa a classe social que ocupem, o cargo de poder que ocupem, nada disso importa, estamos falando de seres humanos que não sabem se querem falar!

Segunda fatia: Jardim de Infância

Nesta fatia os seres humanos já aprenderam a falar, entretanto, ainda estão presos a conceitos e à dualidade, em que a visão de certo e errado está intimamente ligada a tudo o que precisam defender, a tudo o que precisam conceituar para que a sua verdade particular seja aceita e seguida.

No Jardim de Infância encontramos todos os seres que por meio de guerra desejam defender partes de Terra, que por meio de guerra defendem o poder sobre os mais fracos; encontramos todos os que enxergam os outros como alguém que podem controlar.

Neste estágio o ser humano encontra-se muito longe do amor universal, a dualidade é a força que comanda, já que o poder é o que mais importa. Aqui podemos colocar todos os governantes que pela guerra insistem em impor o poder; encontramos também todos os religiosos (é óbvio que existem exceções), aqueles que seguem a vida julgando outros, menosprezando a crença alheia, crendo que simplesmente falando palavras decoradas garantem a entrada no céu, ou no paraíso, como queiram. Nessa classe encontramos todo aquele que julga o outro inadvertidamente, todo aquele que a própria vida evidencia o contrário de tudo o que falam, ou seja, dizem ser, falam que são, contudo não vivem o que dizem ser!

Terceira fatia: Ensino Fundamental

Observamos que nesse estágio encontramos pessoas indignadas com tudo o que está acontecendo, pessoas que não conseguem mais nem ver a televisão ou ler os jornais, pois tudo o que se vê e escuta é desgraça e corrupção.

Nesse estágio, temos aqueles que de certa forma percebem que tudo está mudando, o clima, o alimento, as doenças, enfim o tempo parece passar mais rápido, algo está acontecendo, contudo, ainda não perceberam que precisam buscar alguma coisa, precisam mudar, pois

– Panorama Geral –

ainda estão no estágio de reclamação e indignação, contudo, quando algo semelhante ao que reclamam lhes acontece agem exatamente como os demais, e então oscilam entre esse estágio e o de Jardim de Infância, correndo um risco grande de ir parar no Pré-jardim.

Esses humanos estão muito vulneráveis, pois ainda vivem sob o domínio absoluto do ego e da dualidade. O que os fazem questionar fazendo com que estejam no Ensino Médio não é convicção, mas sim o medo ou, às vezes, a falta de oportunidade de revelarem o seu mais baixo instinto de sobrevivência, o egoísmo.

Podemos colocar aqui todo aquele que possui desejo de mudança, porém ainda não tem a disposição de quebrar padrões para ir em busca de seu desejo, com isso não muda, antes vive julgando e criando justificativas em forma de opiniões para justificar, inclusive, a sua ausência, ou a sua indisponibilidade em fazer as mudanças de que tanto fala.

Quarta fatia: Ensino Médio

Nesta fatia encontramos aqueles que estão buscando, pois já despertaram e notaram que não adianta criar opiniões e julgamentos em torno dos terríveis acontecimentos que assolam o planeta.

O clima alterado, o tempo que parece passar muito mais acelerado, a escassez de água, enfim, existe algo maior, por sua vez, não adianta somente reclamar. Essas pessoas já estão conscientes de que precisam fazer alguma coisa pelo planeta e por si mesmas, porém ainda não encontraram respostas ou um caminho.

Nessa etapa, podemos ver que a indignação é o fator motivador da busca de uma mudança interior, não somente o medo ou os julgamentos. Nesse estágio, o indivíduo começa, de fato, se permitir mudar; nesse momento ele começa a fazer escolhas e inicia a verdadeira trajetória para si mesmo – esse é o caminho de volta.

Acredito que aqui podemos classificar os humanos que estão se mobilizando em comunidades, em torno de uma alimentação mais adequada e equilibrada, de sustentabilidade, em busca de aprendizados e tratamentos complementares, porém é claro que também nesse meio existe a exceção, pois há seres humanos que estão inseridos nesses projetos não por visarem a uma mudança interior, mas a objetivos financeiros ou mesmo objetivando poder. Por sabermos disso, vale ressaltar que em todas as fatias citadas existem as exceções e então fica fácil, basta colocá-las onde elas se enquadram dentro dessas fatias.

Nesse momento, o nosso potencial de fazer escolhas verdadeiras começa a funcionar, é quando temos o poder pessoal de escolher se seguimos adiante, ou ficamos por aqui mesmo sempre procurando, ou se retrocedemos.

Quinta fatia: Faculdade / trabalho

Fazendo uma analogia em relação ao ensino no planeta, conforme vamos aprendendo, passamos de ano, e com isso começamos a ter o direito de fazer escolhas, definindo assim a princípio o nosso futuro. Com isso, geralmente escolhemos uma faculdade ou um trabalho, não importa, o que importa focar é que passamos de estágios para iniciarmos outros estágios.

A busca começa a ser sobre o que vamos fazer para ser feliz, para ter dinheiro, para nos encontrar, considerando a vida que queremos. Esse momento é quando encontramos nosso projeto de vida e a partir daí, passamos a buscá-lo. Exatamente nessa fase é que estão os humanos que encontraram um caminho e estão na busca de se aperfeiçoar, ou seja, iniciaram a ser o que falam e a fazer o que dizem ser.

Nessa fase colocamos todos os seres humanos que escolheram um caminho a seguir e se encontraram nele, todos os que estão iniciando um processo de mudança de viver e pensar, todos os que estão verdadeiramente dispostos a alterar os padrões e fazerem de alguma maneira a diferença na família em que nasceram, na sociedade em que vivem e no mundo a que pertencem.

Sexta fatia: Mestrado – doutorado

Podemos aqui pensar na possibilidade de enquadrar todas as pessoas que hoje se dispõem a fazer coisas em benefício próprio e a outras pessoas, que buscam se aprofundar nos conhecimentos sobre tudo em que está enquadrada dentro da vida (espiritualidade, amor, comunidade), ou simplesmente escolheram ser pessoas melhores para elas e para os outros.

Ao refletirmos acerca de todo o processo acima apresentado, diríamos que iniciar um doutorado, ou um mestrado significa dizer que já aprendemos, já escolhemos, já praticamos, já somos o que dizemos ser, falamos o que fazemos, e dessa forma vivemos!

Nessa etapa estamos falando de pessoas que de fato se conhecem, que são íntegras, que possuem fé, que não mais julgam, que enxergam o outro tal qual um grande companheiro de viagem, aquelas que não desejam competir, mas colaborar. Trata-se de pessoas cuja unidade é o que verdadeiramente importa, em que a consciência é fundamentada em valores e sentimentos que edificam e elevam o homem a sua essência de cocriador.

Neste estágio estamos falando de sabedoria, e o que mais importa é o bem comum, pois o desapego aos padrões e aos conceitos já foi feito, e, dessa forma o ser humano é movido pelo amor universal e por uma consciência maior que o eleva a ver o outro como a si mesmo.

Muito bem queridos, está montado esse cenário, em que a Gaia é o local onde todas essas camadas vivem ao mesmo tempo. Observamos uma enorme bagunça, desarmonia, desequilíbrio, sentimos que todos estão doentes. O que podemos fazer para nos tornar colaboradores nessa arrumação? Como podemos fazer isso? Como podemos ser agentes positivos de harmonia para o nosso planeta?

É exatamente isso que está acontecendo na Terra hoje, é por esse momento que estamos passando. Todavia, se essa arruação vai acontecer de forma catastrófica, por meio de uma guerra mundial, ou pela interferência de extraterrestres ou de forças espirituais, eu não posso afirmar.

Contudo, eu lhes asseguro que essa arrumação acontecerá, uma vez que o desequilíbrio que está acontecendo devido a todas essas energias desarmônicas que o planeta Terra, por meio de seus habitantes, emana para o Universo e para toda galáxia assemelha-se ao um grande tumor cancerígeno à beira de explodir, e antes que esse tumor contamine todo um sistema que funciona com vitalidade, inevitavelmente ele precisa ser destruído, desativado. E a pergunta que nos cabe agora é: Que posição ocupamos neste quadro acima esquadrinhado? Para onde queremos ir? O que podemos fazer e o que já estamos fazendo?

No livro considerado sagrado por muitos, a *Bíblia*, que muitos dizem seguir, respeitar e conhecer, há duas afirmações do MESTRE conhecido por JESUS, que se fossem pontualmente seguidas pelos diversos religiosos que habitam o planeta, sem dúvida nenhuma o planeta não estaria precisando de nada, tudo seria perfeito: São elas: "Amai a Deus sobre todas a coisas" (para quem acredita em um Deus) e "Amai a teu próximo como a você mesmo".

Se assim fosse, afirmo que todos os livros existentes, considerados sagrados, poderiam ser escondidos e guardados, até que todos aprendessem a ser, a falar e a fazer o que essas duas afirmações ordenam. E somente após praticá-las e vivê-las continuariam a estudar o restante, se quisessem, pois seria somente para conhecimento e ilustração, uma vez que essas duas afirmações são o suficiente para transformar uma sociedade, mudar a História da Terra e trazer para humanidade a qualidade de vida livre e verdadeira!

Mesmo considerando todos aqueles que não acreditam em um Deus, falaríamos que somente uma das afirmações acima bastaria para que essa humanidade se transformasse, pois mesmo os ateus, os cientistas, filósofos, eruditos não conseguiram passar por esse ensinamento, pois ainda estão muito abaixo desse alvo. Por sua vez, devemos considerar as exceções, elas existem, mas levando-se em conta que uma mobilização verdadeira é o que precisamos neste momento, a exceção torna-se irrelevante.

AMAR A DEUS SOBRE TODAS AS COISAS.

Podemos ler, amar ao criador, amar a força do Universo, respeitar a natureza, como queiram, porém amem, isso não muda! Desta forma, entendemos que os nossos julgamentos, as nossas opiniões e achismos pouco importam, é disso que estamos falando, é disso que precisamos, despertem!

Para os que não creem em nada, vamos para segunda afirmativa:

AMA A TEU PRÓXIMO COMO A TI MESMO!

Bem, caso você não se ame, pense em alguém que você de fato ame, pense que se essa pessoa fosse tirada de você para sempre, o que sentiria? Amar ao próximo é sentir essa mesma dor, independentemente de ser alguém que tenha o seu sangue, que compactue com você, qualquer um, o nosso semelhante, os animais, toda criatura que vive em Gaia possui semelhança em VIDA. Todos respiram, possuem energia vital, e por isso são semelhantes. E não estamos falando em inteligência, raciocínio, razão, não, estamos falando de semelhança com a força vital que rege a vida.

A maioria dos habitantes de Gaia não conseguem perceber isso, não conseguem ver isso, pois o julgamento do ego supera tudo. Como considerar a possibilidade de serem semelhantes aos animais, às plantas, se o conhecimento da vida se restringe ao que leu um dia ou ouviu, por sua vez não vivenciou nada!

Clamo para que todos agora parem o que estão fazendo e comecem a olhar para tudo à sua volta e vejam qual a responsabilidade que todos têm com tudo o que está acontecendo, e façam a pergunta: O que preciso fazer para ser um colaborador nesse processo de mudança, qual é o meu papel?

Todos parem, olhem para o céu, a pergunta é? Que tamanho precisaria ter um asteroide ou meteoro para destruir o planeta chamado Terra e todos os que nela vivem?

É imprescindível que entendamos que somos pequenos e iguais, precisamos uns dos outros, e que em um tempo muito curto nenhum de nós estará mais aqui, portanto o momento do despertar é agora. Precisamos escolher onde queremos estar, como queremos ser lembrados quando o tempo terminar para nós e o que queremos deixar. Sabe, existem duas coisas das quais não temos como fugir: uma é da morte e da outra é fazer escolhas, portanto devemos estar preparados para fazer escolhas! Parem tudo e se unam, pois precisam ainda aprender o que é básico para continuarem; respeitem e amem uns aos outros, sintam os outros como parte de vocês, sintam tudo que na Gaia vive fazer parte de vocês.

Com essa ordem entendemos que o panorama geral foi passado de forma concisa e direta, e assim continuaremos a explanar nos próximos capítulos práticas e aprendizados. Todavia, afirmamos que o início desse aprendizado se dá com a ordem de que devemos amar uns aos outros, respeitar uns aos outros e desapegar de tudo que se opõe a isso, esse é o princípio da Alquimia da Transmutação e deve ser praticado entre todos os que estão lendo este livro. Caso não se disponham a fazer essa escolha, por favor não continuem a ler, pois nada adiantará, uma vez que continuarão a ser levados por mentiras e não conseguirão sair de onde estão; terão êxito em seus projetos e até satisfação, porém nunca, nunca serão plenos, já que estarão condenados a uma vida medíocre, envoltos no mundo de ilusão, onde serão sempre conduzidos de um lado para outro feito marionetes bem adestrados; e o livre-arbítrio jamais será, verdadeiramente, um direito de vocês, pois esse não é um direito de todos; é preciso conquistar o conhecimento e a sabedoria através de atitudes e assim serão verdadeiramente livres!

"Amai-vos uns aos outros, assim estarão vivendo a plenitude do ser."

CAPÍTULO II

Qual o medo por trás da cena

Minha preocupação não é se você falhou,
mas se está contente com sua falha.

Abraham Lincoln

No caminhar da vida passamos por medos, e a pergunta é qual será o medo que está por trás da cena, o medo de ser abandonado, de ser esquecido, de ser deixado, de não ter amigos, de não pertencer a nenhum grupo, de não ser aceito; medo de mudar, de continuar, de perder, de envelhecer, medo de morrer, enfim, quais desses ou outros medos têm estado por trás de cenas cotidianas de nossas vidas, nos fazendo permanecer onde não queremos, nos fazendo julgar a todo o instante, e o pior, nos impedindo de crescer e por consequência nos impedindo de ver o que precisamos fazer para nos conhecer e atingir o que chamamos de plenitude de vida.

Era uma vez uma criança que era tão bela que todos as elogiavam, todos acreditavam que ele era um ser especial e diziam isso a todo instante. Essa criança tinha um coleguinha que diferente dela era uma criança que não desempenhava tão grandioso papel e, visivelmente, não era tão belo assim.

Ambos cresceram juntos até os sete anos de idade. Estudaram juntos, brincaram, contudo, o amiguinho foi criado aprendendo a se virar sozinho, enquanto o outro sempre muito protegido, sentia que precisava estar sempre ganhando e acertando, pois se assim não fosse não mais seria protegido.

Certa vez ambos quiseram subir em uma árvore e juntos foram perguntar para os pais se podiam subir na árvore que era muito grande e frondosa. Os pais do amiguinho disseram vá, e os pais do outro menino ficaram embaixo da árvore falando o tempo todo que estavam ali embaixo, pois caso ele caísse eles o pegariam, e assim foi por toda a subida nessa árvore.

O nome do amiguinho era João e o menino considerado especial era Marcos.

João foi subindo e como não via ninguém o observando não conseguiu o grande feito de subir naquela frondosa árvore, infelizmente, parou quando estava quase chegando, desceu e ficou triste por não ter conseguido chegar ao fim. Marcos, por sua vez, foi subindo e a todo instante olhava para baixo, verificando se os pais estavam lá, e os pais repetiam a todo momento, cuidado estamos aqui, se cair te seguramos. Marcos também não conseguiu subir na árvore e curiosamente chegou ainda menos longe, comparado ao amiguinho João.

Na semana seguinte, voltaram ao parque onde lá estava a frondosa árvore, e dessa vez foram com outros amiguinhos, dentre eles estava a coleguinha chamada Sofia, e resolveram novamente subir na árvore. Sofia foi perguntar aos pais se podia subir na árvore, e os pais imediatamente disseram que sim, se levantaram e se colocaram embaixo da árvore dizendo para Sofia que podia subir e que dentro do possível eles a orientariam ao melhor caminho, aos melhores galhos para que ela conseguisse chegar ao final de sua empreitada, e assim iniciou novamente a subida na árvore.

João novamente estava sozinho, e não conseguiu continuar, parava e via o quanto abandonado e desprotegido se encontrava, e não sentia nenhuma motivação em prosseguir, ficava parado decidindo se continuava ou não. Marcos, por sua vez, sentia ainda mais medo, receio, e ao mesmo tempo sabia que mesmo se errasse tinha alguém o segurando, desta vez em uma crise de pânico resolveu pular nos braços do pai. Sofia, por sua vez, muito motivada, protegida e orientada, continuava a subir na

– Qual o medo por trás da cena –

árvore, chegando ao objetivo final; voltou feliz e certa de que realmente tinha proteção e a confiança de seus pais.

O tempo passou, e os três amigos continuavam juntos. João aos doze anos começou a não querer mais estudar, pois pensava que não se enquadrava dentro do perfil dos colegas, pois se sentia cada vez mais distante da perfeição. Por mais que fizesse, não conseguia receber nenhum elogio, tudo o que escutava, era que não fazia nada certo, que não chegaria a lugar nenhum. Sem motivação, João sentia-se cada vez mais sozinho, tendo por amigos somente Marcos e Sofia.

Marcos não aceitava perder, brigava e chorava muito quando não era o primeiro, quando não conseguia o que queria, e isso também o impedia de se relacionar, pois ninguém conseguia suportá-lo. Por ser a criança mimada que sempre queria ser o mais importante e o melhor em tudo, tinha por amigos somente João e Sofia.

Sofia relacionava-se muito bem com todos os amigos tanto os de sua idade quantos alguns coleguinhas um pouco mais velhos, e se sentia aceita completamente no ambiente onde vivia, tendo como principais amiguinhos João e Marcos, entre tantos outros.

Neste momento da vida dessas três crianças, podemos identificar dois medos muito importantes: o medo do abandono e o medo de ser aceito, ambos superados por Sofia, porém, tanto João quanto Marcos acumulavam medos e com isso não conseguiam crescer, confiar, desenvolver-se, e assim sofriam.

Quantos de nós passamos por tais medos em diferentes circunstâncias, e até hoje convivemos com eles. Não é minha pretensão dizer que temos de acabar com os medos, matá-los, não, precisamos conhecê-los, e verificar se eles existem em nós, se esses medos, por serem desconhecidos até o momento, são os responsáveis por alguma paralização ou por alguma formação de crenças que nos limitam, se esses medos são os motoristas das nossas vidas!

Ao conhecermos os medos que nos amarram, começamos a conhecer a nós mesmos, passando assim por um processo de libertação e aceitação, transformando uma vida pesada em uma vida verdadeiramente livre, caminhando para atingir a plenitude real, nos transformando em pessoas melhores, com valores que de fato edificaram a nossa vida e a vida de todos.

Em sequência à nossa história, aos 14 anos, os pais dos três amiguinhos resolveram que não dava para continuar o casamento, logo, os três casais se separaram. Para João, a separação dos pais foi muito difícil, pois de repente ele teve de passar a odiar o pai, pois sua mãe incansavelmente afirmava que ele, do mesmo modo que o pai, era um derrotado, que o pai nunca fora produtivo, nunca conseguira prover o que a família precisava e que ela esperava que João, vendo aquilo, fosse diferente e pudesse de alguma maneira ser melhor do que ele era. João não entendia por que de repente ele se parecia com um homem que só trazia infelicidade para a mãe e o pior, ele precisava substitui-lo, ser melhor que ele. Abandonado, sem direção, sem saber direito a qual grupo que pertencia, João foi tomado pelo medo e assim foi crescendo.

Com Marcos, aquele menino perfeito, não foi diferente, só que o que ouvia é o quanto o pai dele tinha sido injusto, pois havia trocado sua mãe por outra, e o pior, uma vadia, prostituta, isso era o que ouvia a todo momento.

Sempre que voltava dos encontros com o pai o que tinha eram verdadeiros interrogatórios sobre o que tinha visto, ouvido e falado. A todo instante via a mãe perguntado se a nova companheira do pai era bonita, inteligente, e não sabia o que responder, pois não queria magoar a mãe, entretanto, continuava amando o pai e também gostava da nova companheira do pai, que não parecia ser o que ouvia da mãe. E nesse conflito, tudo o que conseguiu foi afirmar o medo do abandono e da aceitação, pois tinha de ser quem ele não era, precisava ser dois para ser visto como perfeito, porém quem ele era? Isso ele não sabia.

A separação dos pais de Sofia foi diferente, muito embora o pai dela também estivesse com outra pessoa, e também não tivesse deixado a mãe dela com muitas posses, porém eles entendiam que precisavam continuar sendo pai e mãe, o que trouxeram na verdade foi uma aproximação maior entre os dois, pois aprenderam a dividir o tempo com o máximo de qualidade possível e assim era quando se encontravam os três. Com isso, Sofia cresceu aprendendo que mesmo separados eles continuavam a protegê-la, que ela era aceita pelos dois, e que as coisas não são divididas entre certo e errado, belo e feio, tudo é uma unidade.

Ao passar pelos dois medos, o do abandono e o da aceitação, ela os conheceu, porém superou, e se conheceu dentro desses medos, convivendo com eles e dando aos medos a melhor resposta para mantê-los sobre o seu controle.

Convido a todos a se colocarem em todos os papéis citados acima, tanto dos pais quanto dos filhos, onde gostariam de estar? Como se comportariam ou se comportarão um dia? Como se sentem hoje, superaram o medo do abandono e da aceitação, ou continuam a se comportar como se o mundo girasse somente sobre os seus interesses? Fazem tudo para ser aceitos, mesmo que para isso tenham de abrir mão do que acreditam? Brigam para que todos respeitem e aceitem sua opinião, sentindo assim que a aceitam? Julgam os outros sobre a sua ótica, e assim iniciam o processo de formar conceitos de certo e errado sobre todos? Se isso acontece, não conseguiram ainda superar tais medos, que podem ser aqueles que estão por trás de diversas cenas de suas vidas!

Saibam, o medo desconhecido pode ter outros nomes, como depressão, angústia, preguiça, ausência de determinação, enfim, são manipuladores, sabotadores, inibidores da evolução, e nos fazem trabalhar contra nós mesmos.

Uma vez reconhecidos, precisamos confrontá-los, precisamos iniciar um processo de desenvolvimento dos nossos comportamentos em competências, que estão disponíveis dentro da nossa inteligência emocional, que trataremos mais profundamente nos capítulos seguintes.

Como o tempo não para, os três amigos cresceram de tamanho e de idade, já estavam próximo dos 21 anos e continuavam juntos, inclusive, morando juntos, pois haviam mudado para uma cidade grande onde continuavam a estudar.

A vida parecia seguir o rumo certo para os três amigos. João trabalhava e fazia todos os cursos técnicos possíveis na área de engenharia, buscando sempre se superar, e quem sabe um dia ser elogiado pelos grandes feitos.

Marcos, fazia três anos que estudava para passar em um concurso público, entretanto, todos os que até o momento tinham aparecido não o agradavam; estava escolhendo o que lhe parecia ser mais bem-visto e com isso continuava a viver sob a proteção da mãe e do pai, pois conforme ele mesmo afirmava precisava de tempo para estudar, logo não dava para trabalhar.

Sofia, por sua vez, já estava cursando a faculdade de História, e trabalhava como professora, fazendo planos para cursar seu mestrado e dar sequência ao seu grande ideal – ajudar pessoas a aprender com a História o que podem fazer de melhor.

Todos estavam caminhando conforme a normalidade esperada, aparentemente os três estavam no processo de crescimento individual importante. Um se transformou em um habilidoso técnico na área de engenharia e, feito um louco, continuava a crescer em conhecimento, tinha um bom emprego, era amigo e responsável, o outro exímio estudioso, certamente um dia conseguiria passar em algum concurso. Sofia vivia a vida com a calma necessária, em paz estudava o que queria e esperava por um futuro onde tudo aconteceria conforme o que havia previsto, muito amiga, leal, honesta e responsável.

Todo o objetivo aqui utilizado refere-se à vida profissional e pessoal que uma sociedade organizada data como perfeito e correto.

No ano de 1986 os três completariam 21 anos, estavam preparando uma festinha juntos, onde estariam seus pais, alguns parentes e amigos. Tudo aconteceria na cidade em que nasceram e viveram até os 18 anos, uma cidadezinha localizada na Terra.

Telefonemas pra cá e pra lá, os preparativos haviam unido novamente as três famílias que a algum tempo não conseguiam ter mais proximidade que tinham quando os três amigos eram crianças, devido às atividades cotidianas.

A dificuldade se encontrava em definir o que seria servido na festa, visto que Sofia era vegetariana; João com mais de cem quilos adorava tudo o que aparecia na frente, de carnes a doces, e, Marcos não permitiria uma festa sem bebidas alcoólicas, isso para ele era sinônimo de abundância. Mesmo diante de tantos hábitos variados, chegou-se ao consenso de que nessa comemoração haveria o que todos acreditavam ser importante, então a organização continuava a todo vapor.

Finalmente, chegou o dia em que todos estavam se organizando para viajar de volta ao lugar onde viveram a infância para reencontrar os pais, parentes e alguns amigos. Outros amigos da nova vida também estavam indo para festa, porém no meio de tanta correria algo estranho começou a acontecer com João, do nada ele acordou e disse que não queria ir à festa, sentia-se muito mal, triste e da cama não levantava. Marcos, por sua vez, quis comprar uma roupa nova para o evento e quando chegou e mostrou para Sofia o que havia comprado deixou-a perplexa, e não teve como não exclamar: – Marcos, essa roupa me dá a impressão de que está querendo voltar no tempo, é uma roupa de um adolescente de 15 anos, não acredito que esteja de acordo com você hoje!

Diante desta colocação, Marcos ficou sem saber o que fazer, pois não queria de forma alguma demostrar para os pais que havia crescido, pois isso poderia transparecer que não precisava mais deles, e aí como seria, teria de mudar, crescer e assumir responsabilidades, e isso ele não queria.

Sofia, mesmo tão segura, desta vez tinha algo dentro dela que a deixava muito temerosa, pois em um ano terminaria a faculdade e teria de pôr em prática tudo o que sempre dissera, e se ela não conseguisse, seria vista como uma fraude, isso e mais o fato de sentir que já deveria ter alguém junto dela para, quem sabe, construir uma família, a deixava impaciente e triste.

Mesmo diante da festa que estava para acontecer pelo aniversário de 21 anos, todos de alguma maneira desejavam fazer o tempo parar; ninguém estava disposto a mudanças, pois sabiam que estavam passando de um estágio confortável para um que não conheciam, porém tudo o que viam era que essa próxima etapa estava chegando com muitas cobranças e isso realmente era assustador.

Juntos se organizaram e conseguiram sair, cada um com um dragão nos ombros e na mente, o dragão do medo da mudança.

Nesse panorama, podemos observar que João e Marcos, como carregavam com eles o medo do abandono e o medo de ser aceito, estavam em uma condição muito mais pesada, visto que estava chegando novo medo, o medo da mudança, e tudo isso junto levava-os ao pânico; não sabiam o que fazer, para que lado correr, como poderiam se esconder.

Sofia, na infância e adolescência, havia conhecido o medo do abandono e o superado, controlado; também o medo de ser aceita conseguiu reconhecer e administrar de forma a crescer com ele, porém esse novo medo a controlava, e precisava de alguma maneira demonstrar o contrário, pois ela sempre foi uma pessoa muito equilibrada, e afinal de contas, ela só estava naquele momento confusa, pelo menos era nisso que acreditava.

Em paralelo a tudo isso que estava acontecendo com os três amigos, na cidadezinha que fica na Terra, os pais dos três amigos estavam em um conflito: o pai do João que nessa época já se encontrava com 49 anos e não mais estava casado, ao contrário, se encontrava sozinho e deprimido, sentia algo que não conhecia e não sabia o que fazer, algo dentro do peito o deixava inseguro. Também não sabia como se comportar diante da ex-mulher, filho e amigos. De alguma maneira sentia também o mesmo medo, o medo da mudança, pois seria remetido a um tempo no passado que realmente não queria voltar. Em contrapartida, sua ex-mulher, eufórica, sentia que poderia mostrar que ainda era muito jovem, pois estava com 41 anos, e que o tempo para ela não havia passado, logo, iria de alguma forma fazer com que ele visse o quanto tinha perdido, no entanto, também dentro dela tinha algo que a deixava insegura, pois ao se olhar no espelho via que já tinha rugas e cabelos brancos. Os cabelos brancos, seria fácil esconder, era só pintar, porém e as rugas e a mão que não parecia mais as suas, de alguma forma surgia um medo que também para ela era desconhecido, o medo de perder, pois se ele a visse como ela estava se vendo no espelho ela estaria perdendo tudo, certamente ele não veria o que tinha perdido, mas sim o que tinha ganhado, então, correu para tratamentos de estética, comprou roupas que a remetesse a um tempo no passado que não mais existia, tudo ela precisava fazer para que a afirmativa funcionasse: "O tempo pra mim parou!"

Não diferente estavam os pais de Marcos, porém o que mais os incomodava era pensar que seu filho pudesse perceber o quanto não eram perfeitos, visto que ambos estavam ainda no processo de conseguir se estabelecer na vida, pois tudo o que conquistaram na vida estava destinado aos estudos dele, e não lhe sobrava muita coisa.

Os pais de Sofia também tinham idades parecidas, seu pai se encontrava com 42 anos e sua mãe havia completado 41 a poucos dias, estavam felizes e apreensivos, pois a filha querida chegaria e ambos estavam sob pressão, pois há pouco seu pai havia perdido o emprego, e sua mãe, que também era professora, entrara no início da menopausa, o que a deixava muito instável. Ambos sentiam que estavam perdendo a juventude, e que as oportunidades diminuíam a cada dia, e isso transforma o que chamamos de mais um dia em menos um dia!

Considerando a temática acima, observamos que todos os personagens passavam por medos que de alguma forma não foram dominados no passado e que andavam com eles durante a vida. Nesse caso, notamos o medo de perder e o medo da mudança, o segundo medo em referência e o mesmo medo que os filhos vivenciavam nesse momento, cada um vivendo as suas dificuldades e seus sofrimentos.

E chegado o dia tão esperado, todos estavam prestes a se reencontrar, alguns minutos separavam os pais dos filhos, que fazia muito tempo não viviam uma experiência em família. Em um carro alugado chegaram finalmente; grandes foram as alegrias, abraços, beijos e lágrimas coadjuvantes desse cenário. Lá estavam, seis adultos chorando, abraçados com suas proles, e três quase adultos rindo, brincando e chorando também.

A festa foi um sucesso, muita comida e bebida, os amigos que vieram da cidade grande adoraram a aparente harmonia que encontraram, era algo que ainda não tinham visto, como as famílias interagiam harmonicamente, parecia que não havia ali sofrimento, até que infelizmente chegou alguém inesperado, um homem que se aproximou da mãe do João e a beijou como namorado, deixando o ambiente tenso.

Em todo o cenário até aqui, verificamos que alguns desses acontecimentos já aconteceram ou poderiam ter acontecido conosco, ou com alguém que conhecemos, estamos falando de MEDOS, e até aqui já podemos elencar o medo do abandono, da distância, onde o outro que nos cuida deve nos fornecer a presença, onde precisamos sentir acolhimento absoluto, para que possamos aprender a acolher e a dar.

O medo seguinte que vimos é o medo dos que nos cercam, de sermos aceitos em nosso grupo, de descobrir a que grupo pertencemos e nos incluir aceito nele. Nesse caso o que precisamos é que nos deem o direito de escolher, precisamos de autonomia. Ao alcançamos isso conseguiremos superá-lo e, então, nos transformaremos em pessoas que sabem escolher, em que a dúvida não vive para sempre, pois nos transformamos em pessoas decididas e principalmente aprendemos a dizer não.

O outro medo que encontramos nessa história é o medo da mudança, quando precisamos de segurança para que tenhamos coragem de passar por mudanças e aceitá-las, vendo-as como uma grande forma de crescimento e um ganho, caso contrário, ficaremos estagnados sempre, arrumando desculpas para não conseguir. Nesse caso nos transformamos em verdadeiros sabotadores dos nossos sonhos.

Nós nos deparamos também com o medo de perder, e esse medo, se estiver sozinho já é muito difícil, pois percebemos que estamos perdendo tudo, desde a juventude, pois as rugas e os cabelos brancos são vistos no espelho, a vitalidade já não é a mesma. A isso, agrega-se o medo de perder o emprego, o marido, a esposa, os filhos, enfim perder a própria vida. Imaginem se a pessoa estiver com todos os outros medos juntos, ela realmente estará condenada a oscilar de um lado para outro, a viver como um personagem que ainda não encontrou o seu papel na vida.

– Qual o medo por trás da cena –

Bem, a festa acabou. Todos cumpriram seu papel dentro da sociedade e da família, o namorado da mãe do João foi apresentado e todos tiveram de aceitá-lo, com sorrisos pálidos no rosto. Todos os papéis ali representados, foram comandados pelos medos que estavam por trás da cena.

Tudo isso aconteceu em um sábado, e na segunda-feira tudo voltaria ao normal, pois o trabalho e as aulas não poderiam ser adiados, então no domingo à noite todos se despediram, os amigos retornaram para a cidade grande que também localizada na TERRA. Fotos, publicações no Face, todo o tipo de tecnologia foi utilizado para divulgação do evento, muitas curtidas, elogios e felicitações também, e assim passou o aniversário que marcava para os três uma grande mudança, inevitável, a mudança de ter de crescer!

O tempo foi passando e cada um dos amigos tiveram de se separar, a primeira a sair da república foi Sofia, que dois anos depois de ter terminado a faculdade de História encontrou o amor da sua vida, casando aos 24 anos. Logo em seguida saiu Marcos que finalmente passou em um concurso público e foi morar em um Estado diferente, localizado na TERRA. João foi o único a permanecer por lá, em busca de mais conhecimento. E cada vez mais aumentava de peso, não conseguindo assim formar uma família, seu grande sonho.

A Continuação da Vida de Sofia

Com uma trajetória de vida até aqui compatível com a normalidade social, considerada admirável, pois terminara a faculdade com louvor, tinha conseguido um casamento, e agora aos 26 anos estava grávida, seguia Sofia.

O bebê nasceria dentro de algumas semanas, e tudo estava muito organizado. Sofia se encontrava de licença do trabalho; o quarto impecavelmente arrumado, enfim tudo organizado esperando a chegada de mais um herdeiro da família Souza que morava na cidade grande localizada na TERRA.

Em um panorama tranquilo, equilibrado, Sofia se perguntava por que não se sentia em paz, porque ela de alguma maneira se sentia como no aniversário de 21 anos? Tudo o que ela queria era que o tempo parasse, não queria continuar, sentia que toda a sua vida até ali era uma fraude, e o pior, tinha um bebê que estava para chegar, e quanto a isso ela não podia voltar atrás, teria de continuar, porém não sabia como fazer, um único questionamento ocupava a sua mente: Como é ser Mãe?

E chegado o grande dia, as dores começaram de madrugada iniciando um movimento descontrolado em torno do que fazer, foi então que ao ir ao banheiro percebeu que a bolsa havia rompido, e feito loucos, Sofia e o marido foram para o hospital, pois o bebê estava para nascer.

Ao chegarem ao hospital, imediatamente, comunicaram toda família, foi então que todos, sem exceção, se organizaram a caminho da cidade grande, em direção ao hospital localizado na TERRA, pois estava para chegar alguém que vinha de muito longe para morar na TERRA, era hora de todos estarem apostos.

Enquanto todos estavam sendo avisados do grande evento, Sofia era examinada pelo médico que confirmou, que dali a algumas horas o bebê nasceria.

Sofia foi colocada em um quarto à espera do próximo passo, visto que as dores aumentavam a cada minuto.

Enquanto as pessoas falavam eufóricas e arrumavam os enfeites para receber o bebê, Sofia sentia-se sozinha, com medo, além da dor insuportável que aumentava a todo tempo. Sem saber o que fazer, foi tomada por medo enorme, começou a gritar: "Chamem o médico, não quero mais ter parto normal, preciso que me ajudem agora". Em meio a esta reviravolta, todos perceberam que ela não estava pronta para aquele momento e chamaram o médico que verificou que ela já estava com 6 cm de dilatação e tudo aparentemente corria dentro do normal, mas ainda assim ela pedia que fosse feita uma cesariana, e em meio a isso não houve outro jeito a não ser levá-la para sala de cirurgia e fazer a intervenção para o bebê nascer.

Passados algumas horas, todos estavam tensos na sala de espera, quando apareceu a enfermeira com a grande notícia: o bebê havia nascido, era um lindo menino e em breve todos poderiam vê-lo pelo vidro do berçário. Sofia também estava passando bem, o que foi um grande alívio para todos. E assim aconteceu mais uma trajetória muito comum no planeta TERRA, o nascimento de um bebê.

No panorama descrito, observamos que o medo que assombrou Sofia no seu aniversário de 21 anos continuava a viver com ela, e como o tempo não para, esse medo recebeu um medo maior, o de continuar a crescer, pois nesse caso continuar a crescer é sinônimo de envelhecer, e assim caminhar para se encontrar com o grande medo que está por vir inevitavelmente, o medo de perder, relatado parágrafos acima.

Como a continuação é inevitável, precisamos entender que o que faz a diferença entre sentir medo e ser dominado por ele é conhecê-lo e aprender a fazer escolhas, pois somente escolhendo com a consciência conseguiremos aprender com os medos e dessa forma ser pleno.

Como ter consciência em nossas escolhas se não nos conhecemos, não nos aceitamos e não aceitamos o que o Universo nos fornece? Sempre acreditamos que somos merecedores de mais, acreditamos que tudo o que acontece é fruto de pessoas ruins, se forem coisas ruins, e quando acontece coisas boas, pensamos nas ruins e as boas acabam durando muito pouco, isso quando as observamos.

A principal ferramenta de poder do medo é cegar aquele que o está sentindo, e quando falamos cegar, não estamos falando no sentido da visão, não, ele é muito mais abrangente, pois ele consegue atuar sobre todos os sentidos humanos. Então, a visão, o ouvir, o sentir de tudo fica alterado com a atuação do medo, seja ele qual for, então sentimos as coisas diferentes, enxergamos as coisas com dificuldades, como se todos fossem míopes, e quando ouvimos, escutamos geralmente críticas, ofensas, e o que fazemos sempre estará entre três opções: reagimos com grosserias, ou seja, somos reativos, entramos dentro do casco da tartaruga e nos deprimimos, ou dizemos: "Isso não me interessa, não quero nem saber" e nos retiramos.

O medo está ligado intimamente às emoções, são elas que governam a vida de todo aquele que de alguma maneira continua se afirmando sobre bases de medos não dominados, e onde tem emoção não tem consciência, pois as emoções podem ser traduzidas como o ápice da confusão dos sentimentos.

A vida nos fornece a cada momento oportunidades de conhecer e dominar os nossos medos, transformando-os em agentes positivos de crescimento, porém como desconhecemos esses portais que nos transportariam de um estágio de afirmação para o estágio de transformação, sofremos e oscilamos entre reagir, deprimir e fugir o tempo todo.

Passado todo o processo do hospital que durou 02 dias, todos estavam prontos para ir para casa. Sofia, marido e bebê despediram-se das enfermeiras e partiram em direção a um novo mundo, novo momento, a continuação da vida.

Chegando em casa, Sofia começou a sentir muito mais intensa a responsabilidade do seu ato, da sua escolha de ser mãe, era uma mistura de felicidade, pois a impressão era que tinha ganho um presente, com um misto de pânico, pois não sabia nada sobre aquele presente, exceto o que ouvia, porém nunca havia praticado e vivenciado a grande missão de ser mãe. Sentia-se como uma pessoa que ganha um instrumento e imediatamente tem de saber tocá-lo, visto que é exatamente isso que ouvia por todos ao redor.

Todos, o tempo todo, afirmavam que uma mulher e seu instinto materno sabem tudo, podem tudo, e que toda a responsabilidade quanto àquele presente seria dividida entre os dois presenteados, porém a mulher, essa é soberana na arte de ter filhos, e com isso uma loucura se instalou dentro de Sofia, que se questionava mentalmente o tempo todo:

"Como assim, eu estou demonstrando total alegria, mas o que sinto é um pra lá e pra cá de emoções, ao mesmo tempo que eu amo este bebê, eu quero dormir; ao mesmo tempo que eu tenho que amá-lo, eu quero

– Qual o medo por trás da cena –

a minha vida de volta, quero meu corpo novamente, quero poder tomar banho sem ter de sair molhada para socorrer alguém que está chorando porque não pode me esperar terminar; e o pior não posso demonstrar isso para ninguém, pois sou mulher, e uma mulher precisa sentir que tudo isso é maravilhoso. Meu Deus, como essa continuação está sendo difícil, quero voltar e não posso, então é inevitável, preciso me resignar e levar adiante, fingindo quem não sou e dizendo o que não sinto, pois o que estou sentindo agora é anormal, quem sabe após essa fase isso melhore, é isso que todos dizem. Então, vou confiar, elas já passaram por isso e devem saber o que estão falando", pensava Sofia.

A vida normal passou a ser uma vida entediante, para Sofia tudo passou a ser muito igual e chato. O que via eram coisas que ela enxergava nas pessoas mais velhas, na mãe, e que agora era a vida dela. Depressão muito grande, conforme o diagnóstico médico tomou conta de Sofia, o nome dado era depressão pós-parto. Nesse período, o bebê ficou sendo cuidado pela avó paterna; o marido de Sofia já não sabia mais o que fazer, pois sua mulher sem avisar havia sido substituída por outra que parecia mais a mãe dele, usando roupas largas; suas curvas já não estavam tão atraentes; passava o tempo todo reclamando, dando a ele responsabilidades e cobranças que ele não conhecia antes, e que não queria também, e o pior, chorava e queria dormir o tempo todo. Onde estava a mulher que o procurava para namorar, que sempre estava pronta para recebê-lo, essa mulher havia desaparecido.

Junto com tantas transformações ele foi tomado pelo grande medo de prosseguir, verificando que de maneira nenhuma queria continuar daquele jeito, pois isso o remetia aos tempos em que morava com a mãe e via a vida chata que o pai tinha, e sempre pensou que essa vida ele não queria para ele. E olhava o que estava acontecendo, era exatamente o que tinha naquele momento, e assim começou a julgar dizendo assim: "... isso não foi minha escolha, eu só queria ter um filho, não pedi uma troca de mulher, ou uma vida como a do meu pai. Se é isso que ela quer, pode ficar com essa vida só pra ela, porque vou buscar outra coisa."

Pelo recorte acima observamos claramente como os sentidos são alterados quando nos deparamos com os dragões do medo, quando não os dominamos e os transformamos em agentes positivos do crescimento; o que conseguimos são agentes sabotadores dos nossos sonhos, e, agimos exatamente feito esses agentes que nos mandam, uma vez que somos marionetes, comandados por eles, em forma de emoções, que nos levam na maioria das vezes a tomar decisões e a fazer escolhas que são como armas apontadas para nossos pés.

Com essas escolhas tomadas pelas emoções, a consciência está ausente, então o que conseguimos é muito sofrimento, e é o sofrimento o alimento do medo. Nesse círculo viciante, continuamos a alimentar os medos com a dor e os sofrimentos que passamos no passado, deixando de viver o presente, transportando toda essa dor para um futuro que ainda não existe.

A essa trajetória que costumamos dar o nome de vida. Mas se isso é viver, onde está a vida em abundância, no sofrimento? Onde está a plenitude de viver, na dor? Onde está a vida, no passado?

Assim foi a trajetória de Sofia, que se recuperou à custa de remédios para dormir e para se acalmar, já que tudo o que queria era sair correndo, mas isso fugia do convencional!

Passados dez anos, seu filho já estava um rapazinho, ela continuava casada, e a vida seguia seu curso natural. E os medos, quando surgiam, eram tratados com medicamentos, dessa forma eram mascarados e ficavam assim, uma gangorra, em que a cena mostrava uma vida feliz, sólida, normal, repleta de infelicidade, de mentiras e de vazios.

A Continuação da Vida de João

Entre tapas, beijos e muita comida vivia João, morando no mesmo lugar, trabalhando no mesmo lugar, continuava buscando mais conhecimentos, entretanto, algo estava muito diferente, sem saber como, aos 25 anos experimentou as drogas, e agora não conseguia mais sair, começou

– Qual o medo por trás da cena –

com bebida, juntou a isso todas as drogas possíveis, pois precisava ardentemente dar sentido àquela porcaria de vida, vida solitária, vida sem graça, vida vazia!

A vida de João resumia-se em trabalho, comprar drogas, beber, ir para casa cheirar tudo o que podia, e se esconder de todos, essa era a agenda: de segunda a sexta-feira, saia cedo para o trabalho, onde parecia para todos uma pessoa muito responsável, alegre, muito divertido, ao sair do trabalho passava em um bar e lá mesmo começava a beber, porém até quinta-feira ainda se mantinha responsável, pois sabia que tinha trabalho no dia seguinte, então maneirava, como ele dizia, era a dose diária dos dias de semana, isso incluía a cocaína, companheira constante desse homem, em verdade sua única companhia.

O que acontecia na sexta-feira e sábado era realmente preocupante, pois João saia do trabalho, comprava tudo o que podia de bebida, comida, cigarros, maconha e cocaína, e se trancava em casa, pois tudo o que não queria era ser visto, a tristeza que o contagiava e o dominava só poderia ser vista por ele mesmo. Desligava os telefones e avisava que não queria ser perturbado, pois estaria estudando, e como esse era seu hábito, para todos da família e amigos tudo estava normal.

Esse cenário durou por um ano e meio, até que todos começaram a observar que algo estava muito errado, pois João começou a emagrecer, e se transformou em uma pessoa inconstante, com rompantes de alegria, euforia e fúria. Começou a faltar ao trabalho sem maiores explicações, e quando comparecia estava sempre mal vestido, com aparência de quem não havia dormido. Seu olhar, às vezes, era distante, ausente, outras vezes se mostrava muito perspicaz. Todos do trabalho começaram a ver que algo de muito ruim estava acontecendo com aquele cara alegre e feliz. Sua mãe que ainda morava em uma cidadezinha localizada no planeta Terra, nada sabia, pois fazia dois anos que não via o filho, somente se comunicava por Skype e telefone.

Tudo isso, infelizmente, retrata a vida de muitos hoje no planeta chamado TERRA, pois o medo da mudança, unido ao medo da

– **Alquimia da Transmutação** –

continuação, unido ao medo do abandono e da aceitação, realmente se traduz em uma arma poderosa para o coração daquele que o leva; são muitos dragões, que a cada dia se tornam mais poderosos, pois os questionamentos nunca antes respondidos precisam de alguma maneira ser substituídos por poder, por dinheiro, por qualquer coisa, visto que o vazio, as ausências de respostas, a mesmice dominam a vida, e é insuportável se manter vivo, somente com o que a vida está fornecendo. Então, precisa de mais, e aí os medos como verdadeiros sabotadores da vida os empurram para o precipício dos vícios, onde somente os fortes, somente aqueles que se confrontam com os medos os reconhecem e os dominam, conseguem sair!

João continuava a levar a vida, até que um dia foi advertido pelo seu superior direto, e questionado sobre o que estava acontecendo, pois seu comportamento não condizia com o perfil da empresa. Foi então que João percebeu que o que ele mais temia estava acontecendo, todos estavam reparando que ele não era o que demonstrava, e, por ocupar um alto cargo na empresa, precisava reverter urgentemente essa situação. Foi quando ele teve a brilhante ideia de usar a cocaína para melhorar a sua performance na empresa, pois quando estava sob o efeito dessa droga se sentia muito mais inteligente, rápido, e, sem dúvida, produziria muito mais, e todos se surpreenderiam com a sua competência. E assim foi. João, caminhando um caminho brilhante, de sucesso, de conquistas, de êxito e satisfação que duraria mais seis meses, foi acometido de uma sincope. Sob o efeito de uma superdose das drogas ele teve um surto em plena reunião de negócios, sendo obrigado a ser internado às pressas.

Grande foi a correria, porque até então ninguém sabia o que estava acontecendo, pois João estava muito bem, muito disposto, tinha emagrecido, estava no auge de sua carreira, continuava morando no mesmo lugar, estudando muito, enfim tudo estava melhorando, pelo menos era assim que todos imaginavam.

Sua mãe foi informada e, imediatamente, saiu da cidadezinha e foi para cidade grande localizada na TERRA, onde encontraria com seu

– Qual o medo por trás da cena –

filho que estava doente, doença essa ainda desconhecida, contudo, não seria por muito tempo.

Todos estavam no hospital, amigos e sua mãe também já havia chegado, foi então que um médico chegou e perguntou se tinha algum parente. Logo, a mãe se apresentou, e ele pediu que o acompanhasse até a sala médica. Ela, por sua vez, o acompanhou juntamente com um amigo e uma amiga que vieram da mesma cidadezinha. O médico não demorou e perguntou se todos já sabiam que João era dependente químico e que tinha nascido novamente, pois havia sofrido uma overdose que por muito pouco não o havia levado a óbito.

Como não era de se esperar, a notícia bombástica deixou todos atônicos, e imediatamente decidiram que a melhor alternativa era internar João assim que ele saísse do hospital.

Após 20 dias, e João já estava recuperado do susto e estava com alta. Sua mãe, à beira da cama, resolveu que era hora de ter uma conversa séria com o filho, e logo se pôs a falar tudo o que já sabia e também expressou sua opinião, foi então que ouviu de seu filho que tudo não passava de um momento e que ele havia aprendido com aquela situação, portanto não existia motivo para preocupação. João fez a velha promessa de sempre e voltou para sua casa e para a mesma rotina, porém desta vez se mantinha mais controlado, embora o excesso de comida e de bebida continuassem a ser seus melhores amigos.

Passados seis meses do ocorrido, João perdeu sua mãe abruptamente, vítima de um infarto, deixando-o perdido, porém essa perda, surpreendentemente, não o levou às drogas, uma vez que tinha decidido colocar em prática o último desejo de sua mãe – se internar em uma clínica para dependente químico.

A vida de João se desenrolou com muitas perdas até os trinta e dois anos, quando também perdeu seu pai, contudo, nessa altura da vida ele já havia superado o medo do abandono e o medo da continuação, dando passagem para o perdão, e só assim ele conseguiu alcançar o seu grande sonho, construir uma família. Aos trinta e três anos, João se casou, logo depois teve filhos e se dedicou a ajudar dependentes químicos na mesma clínica onde conseguira se libertar desse sofrimento.

Com a história acima apuramos que o perdão é uma das chaves para dominar os medos, pois o rancor, a mágoa, as lamentações somente fortalecem a nossa posição de vitimados, o que é o melhor alimento para todos os medos.

Por meio da história de João observamos que outra chave foi acionada quando João abriu mão de tudo o que até então fazia parte de sua vida e retomou outra linha, a linha de ajudar outros, e dessa maneira ele encontrou o seu sonho e conseguiu finalmente realizá-lo; a essa segunda chave damos o nome de desapego, temos aí duas grandes armas para dominar os medos.

A Continuação da Vida de Marcos

Era um dia lindo de outono na capital de um lugar localizado na TERRA, onde Marcos morava e trabalhava em um alto cargo público. Já casado aos vinte e oito anos, tinha dois lindos filhos, e levava a vida sendo elogiado por todos. Sua família como sempre o tinha feito um gênio, e o rosário de sempre era dito sobre o talento e a inteligência de Marcos.

A soberba, infelizmente, era a amiga que o Marcos tinha desde o acordar, tudo para ele girava em torno de dinheiro e conquistas, não importava os meios, vivia como se tivesse em sua fala a verdade absoluta, e essa acompanhava a frase do politicamente correto. Tudo o que ele demonstrava ser, ele realmente falava com muita eloquência, porém por detrás dos "panos" o que fazia era tão somente o que lhe interessava, então, sua vida foi correndo sobre essa montanha de mentiras e medos.

O tempo foi passando, e aos trinta anos perdeu os pais em um terrível acidente de carro, tudo aconteceu quando ele estava viajando a trabalho, não sendo possível comparecer ao enterro dos pais, só conseguindo chegar no dia seguinte, pois o local em que ele estava tinha sofrido uma tempestade de neve, o que causou o fechamento dos aeroportos por três dias.

– Qual o medo por trás da cena –

A dor que abateu Marcos foi enorme, pois perder era algo que ele não conhecia, e o apavorava, deixando-o completamente refém deste medo, o que o levou a uma depressão profunda.

Sua esposa, que pertencia à alta sociedade local, fazia de tudo para esconder a doença do marido; tal fragilidade não poderia ser vista por ninguém, nem mesmo os filhos podiam ver o pai. Por esse motivo, decidiu que o melhor a fazer era interná-lo em uma clínica de alto padrão, onde ficou por quatro meses.

Claramente, podemos observar a fragilidade da formação de Marcos como pessoa, o quanto o menino que precisava ser o melhor sempre era fraco feito uma película de vidro; o quanto o homem poderoso era refém do ego e do medo do reconhecimento, do medo de perder. Surpreendentemente, a vida lhe forneceu o presente de perder simultaneamente os pais, dando-lhe a grande oportunidade de dominar esses medos, entretanto, quando ele se deparou com o efeito desses medos, vindo em forma do que chamam de depressão, foi obrigado a se esconder, substituindo o aprendizado por remédios e por palavras, exatamente como o provérbio mentiroso do politicamente correto.

Bem, a vida continuou, e a carreira brilhante de Marcos também continuou. Ele ia além dos limites para alcançar o que queria, não tinha escrúpulo algum; as palavras: não deve, cuidado, olha o outro eram completamente desconhecidas para ele. E, assim, foi galgando patamares cada vez mais altos, até que aos quarenta e um ano foi descoberto pela polícia federal, denunciado e preso, deixando a família sob o véu da vergonha.

Nos tempos atuais, essa história é conhecida de todos, e nos leva a refletir sobre que medo poderoso é o medo de perder, o medo de não ser visto, de não ser reconhecido, de não ter dinheiro, tudo isso e muito mais compõem os adereços do tão poderoso medo de perder, incluindo-se aqui a perda da juventude. E, então, vemos muitas pessoas sofrendo diante do aparecimento de rugas ou cabelos brancos; pessoas correndo para cirurgias plásticas em busca de retardar a velhice, pessoas se separando para casar com pessoas mais novas, e por aí vai. Grande parte dessas atitudes são mascaradas pelo medo de perder, claro considerando-se as exceções, afinal, não estou aqui defendendo os cabelos brancos e as rugas, isso não, mas sem dúvida defendo toda sabedoria que eles significam para todos os que conhecem e dominam esse medo.

A máscara caiu para Marcos da pior maneira, pois todos da cidadezinha localizada na TERRA, onde Marcos nasceu, acompanhava a trajetória desonesta deste homem. Seus amigos João e Sofia também, porém ninguém, nem mesmo seus melhores amigos, conseguiram chegar perto de sua família, ou mesmo visitá-lo, pois ele se recusava a falar com qualquer pessoa que demonstrasse desejo em ajudá-lo, isso não, além ele não precisava de ajuda, pois tudo o que diziam dele era uma grande mentira e, afinal, o dinheiro compra tudo!

Passados dois meses, Marcos já em liberdade, pois se tratava de réu primário, e, portanto, estava respondendo em liberdade, sua sentença saiu, dando-lhe o título de inocente, pois as provas apresentadas no tribunal eram fracas. Não conseguido a acusação fundamentar a ação com a força necessária para mantê-lo preso, tudo o que se obteve foi provar que Marcos havia desviado verbas públicas para campanha política. Todavia, o partido de alguma maneira, utilizando de todo o poder de que se valia, desmontou a acusação, provando que tudo estava devidamente demonstrado em relatório fornecido ao órgão competente na ocasião da doação, foi assim que o desvio de verba foi chamado.

Grande foi a festa feita pela família, pois o nome de Marcos havia sido limpo, o que deixava a sua reputação intacta, e ele ainda mais conhecido como um homem bom que havia sido injustiçado. Todavia, somente Marcos e seu travesseiro sabiam da verdade!

Com o decorrer dos anos, Marcos foi envelhecendo como todos e aos quarenta e oito anos vivenciou nova crise de depressão, ocasião em que desenvolveu o que chamam de Síndrome do Medo. Finalmente, o medo de perder o havia dominado completamente, seus pensamentos o estavam deixando louco, pois a todo momento sentida que algo de muito ruim estava para acontecer com ele, com os filhos, com a esposa, enfim com todos os que os cercavam, e, dessa forma ele não mais saía de casa, não viajava, nada mais fazia; e todo o dinheiro acumulado às custas de fazer pessoas perderem apenas servia para pagar tratamentos, comprar remédios, e nada adiantava.

O quadro do doutor Marcos era inconstante como o tempo nos dias atuais, um dia ele acordava feliz, confiante, no outro apavorado, no outro generoso, claro que com a sua família, em outro nada queria falar, e assim foi por um ano, até que um diagnóstico fatídico trouxe ao Marcos o que ele mais temia, ele estava com câncer, um tipo que teria tratamento, e ele teria uma sobrevida sem dor e conseguiria manter-se por mais um tempo nesse planeta chamado TERRA.

O quadro acima revela outra chave para dominar os medos, que podemos chamar de chave maestra: seu nome é o amor, amor incondicional, amar ao próximo, respeitar aos outros como a nós mesmos, verificar que fazemos parte de um todo e precisamos de todos para existir. Essa chave maestra nunca fez parte da visão de Marcos levando-o a viver escravo de um dos maiores medos da humanidade, o medo de perder!

O medo de perder gera alguns talentos negativos imperativos em todos os que o alimentam, principalmente a compulsão por ter, e esse ter não tem escrúpulo algum, pois o que prevalece é o instinto, é a lei da sobrevivência. Logo, o ser humano morador do planeta TERRA, que vive oprimido por esse medo, tem uma das reações, ou podemos chamar de doença que aparece, que denominados de mediocridade. Essa pessoa vive no extremo do ego, onde somente seus interesses são relevantes, e custe o que custar ela os alcança, mesmo que para isso tenha de provocar dor, fome, desespero em outros.

Esse é o panorama da vida do terceiro amigo chamado Marcos. Continuaremos a falar sobre o caminhar dos três durante todo o percurso desse aprendizado, mas o que importa agora é que iniciamos um processo único, começamos a ter o direito de fazer escolhas conscientes!

CAPÍTULO III

Análise dos Casos - Vida

Eu aprendi que a coragem não é a ausência de medo, mas
o triunfo sobre ele. O homem corajoso não é aquele que não
sente medo, mas aquele que conquista por cima do medo.

Nelson Mandela

Considerando um panorama geral da vida dos seres que habitam um planeta chamado Terra, podemos observar que todos nascem de um pai e uma mãe, fruto de amor ou não, fruto de um planejamento ou não, enfim, parece que quando alguém tem de chegar aqui nesse planeta de alguma forma chega.

A viagem até aqui ninguém pode afirmar como e, existem sim algumas opiniões, conceitos, fundamentações sobre como viemos parar aqui, por que estamos aqui, e o que vai acontecer quando não mais estivermos aqui, enfim, muito se fala sobre este tema, aliás, esses sempre foram as grandes questões da humanidade e a busca infinita da ciência.

Bem, todas as religiões têm como um dos principais pilares trazer respostas a esses questionamentos e todas, sem exceção, trazem esse tema como parte integrante de seus dogmas e fundamentações, conferindo credibilidade às suas afirmações através de livros sagrados, sejam eles quais sejam escritos por grandes historiadores, que relatam a vida de pessoas que aqui viveram, e de alguma forma elas trouxeram reflexão ao povo da época, ocasião em que a grande maioria desses personagens virou mártires e com isso chegou ao patamar de Deus, aquele que tudo criou e cria, aquele que tudo controla. Todavia, a principal ferramenta de todas as religiões e ou filosofias religiosas para controlar seus adeptos ainda é a culpa e, por conseguinte, o medo.

O medo é gerado por afirmações que trazem ao subconsciente a necessidade de obedecer, de seguir as regras, de ser submisso a uma autoridade, de não questionar, e principalmente de se sentir totalmente dependente de alguém ou de algo, seja esse algum ritual ou algum dever de fazer, seja esse alguém um líder que impõe ou que sugere, não importa, tudo está embasado na regra básica da culpa, da troca, do medo, da competição.

Todos nós sabemos que vamos morrer um dia, e ainda assim insistimos que se fizermos alguma coisa conseguiremos nunca morrer. Ou quem sabe, se por acaso eu ainda assim morrer os pontos que aqui atingir obedecendo e seguindo as regras de algum homem me levarão a conseguir morar no céu, e com isso viverei para sempre, em um local onde não ficarei doente, não sofrerei, não sentirei dor, não precisarei trabalhar, pois tudo será fornecido; onde a paz e o amor estarão no ar; a desgraça, a fome, a mesquinharia, a pobreza não mais existirão, enfim, viverei em um paraíso, nome dado pelas pessoas que habitam um planeta chamado TERRA, um lugar perfeito onde todos gostariam de viver para sempre.

Abaixo irei relatar esse lugar com todos os detalhes. Para tanto, solicito que se desejarem iniciem um processo de visualização de tudo o que está sendo dito, como se estivessem lá, vivendo agora no lugar que será descrito, o paraíso, e se por acaso eu me esquecer de algo, acrescentem, cada um com a sua crença do que é ou será o paraíso.

Paraíso: O lugar onde todos desejam viver

O lugar que agora vejo é tão puro que posso sentir o frescor do ar entrando pelas minhas narinas, o frescor da manhã, o céu azul, os tons estonteantes dos verdes que permeiam tudo. Sim, é dia no paraíso, um dia que parece um pouco os dias de outono em um planeta chamado Terra.

– Análise dos Casos - Vida –

Para onde quer que eu olhe, vejo muita cor, flores de muitas espécies, pássaros para todos os lados, animais brincando felizes, todos juntos sem preocupação com nada, a vida corre como os rios que aqui existem, cristalinos, serenos e sem pressa.

Para que consigam entender melhor tudo o que vejo agora tentarei relatar como está acontecendo: vejo de cima, como se estivesse fazendo um voo panorâmico de um helicóptero transparente e sem barulho, então consigo ver muito além, e cada vez que os meus olhos olham para alguma direção algo muito especial acontece, pois o que está distante se aproxima, e aí eu consigo observar bem os detalhes. Logo depois se afasta, e os meus olhos sintonizam outra área e essa também se aproxima, e assim sucessivamente acontece, consigo ver inclusive dentro dos cristais que aqui tem muitos, muitos diamantes, esmeraldas, rubis, enfim toda a beleza dos amigos minerais existe aqui, não como algo que precisamos pegar para que sua soma nos faça poderosos, não, nada disso, são órgãos desse lugar, precisam ficar exatamente onde estão. Eles fazem o verdadeiro corpo deste lugar, fazem parte do todo, dentro deles existe energia de vida necessária para que o paraíso continue como paraíso.

Enquanto escrevo, visualizo no planeta chamado Terra uma tempestade que assusta as pessoas, pois estou no alto da montanha onde está chovendo muito, muitos são os raios e trovões, e claro, percebo a diferença entre o equilíbrio do paraíso e a fúria do desequilíbrio no planeta Terra, onde os intensos são vistos com muita clareza: ou temos muita seca, ou muita chuva; a natureza na Terra é incontrolável, furiosa, não existe mansidão na Terra, aqui tudo é dureza mesmo!

Continuando, posso perceber que está entardecendo por aqui, uma chuva muita graciosa passa acariciando as folhas, a Terra, e todos os animais se iluminam, como se saíssem deles arco-íris. Para onde quer que os meus olhos olhem a aproximação desse entardecer me fascina, existem arco-íris por todo lado; das folhas saem coisas como ondas de todos os tons de verdes; consigo ver algo que parece ser um mar, e vejo que a mesma água que molha delicadamente tudo também penetra na água e faz o mesmo carinho nos animais que vivem debaixo da água. São impressionantes as cores do arco-íris, surgem sempre que gotículas dessa água cristalina tocam tudo e a todos os seres que aqui percebo. O que está acontecendo, traduzindo, parece que todos se reúnem para ganhar um banho de luz, de água, de harmonia, de amor. Não consigo alcançar nenhuma palavra que traduza o que vejo, é um banho coletivo oferecido neste lugar ao entardecer.

A noite chega e todos se recolhem para descansar; a noite estrelada ilumina a vegetação, tudo está em paz.

No paraíso existem pessoas assim como os humanos, todavia, a energia que permeia essas pessoas é pura, genuína, não existe nenhuma diferença entre elas, o que funciona aqui é a união, tudo acontece naturalmente, sem esforço, todos estão verdadeiramente juntos. Percebo que algumas palavras aqui não são ditas, por exemplo: meu; eu quero; melhor; certo; errado; feio; pior; medo; sofrer; dor; morte; enfim aqui não existe julgamento nem tão pouco mais ou menos, pois tudo acontece para todos e com todos, tudo aqui é considerado um presente.

A integração entre tudo o que existe aqui se observa a todo instante; o processo de conhecimento se dá com a sabedoria reunida por todos, animais, vegetais, mineral, Universo, enfim a vida é geradora de vida o tempo todo, não importando a forma que ela se apresente, e isso é tudo o que importa.

Aqui não precisam de nenhum tipo de tecnologia humana, pois a mente consegue se comunicar mesmo de muito longe, vamos chamar de telepatia, pode ser; mas o que vejo é muito mais que isso, assim como os equipamentos eletrônicos na Terra conseguem captar as ondas de energias e dessa forma codificar o que elas fazem, transformando-a em telefone, internet etc., o cérebro humano aqui faz isso naturalmente sem precisar de nenhum aparelho ou coisa do gênero.

As pessoas não precisam de carros ou aviões para ir de um lado a outro, elas simplesmente vão, levitando, voando, pensando, não importa, elas utilizam todas as faculdades e assim o fazem. Não existe aqui parte do corpo desconhecida, tudo é conhecido e devidamente utilizado em prol de todos.

Diferentemente do que vimos na Terra, aqui não existe diferença entre animais, vegetais e pessoas, todos possuem a mesma energia vital da vida, portanto todos estão vivendo em uma unidade absoluta, onde todas as capacidades individuais são de todos, pois não existe espécie inteligente e espécie desprovida de inteligência, esse tipo de conceito aqui é ignorância.

Sendo assim, os pássaros voam, e se todos são um todo, todos voam; os peixes nadam e vivem debaixo da água. Logo, todos ao precisarem e se quiserem poderão assim o fazer; a natureza inteira se comunica por ondas de energias, logo todos também assim o fazem, simples assim.

Nesse lugar que descrevo tanto o Universo, quanto a galáxia, tudo está verdadeiramente interligado e se comunica o tempo todo, pois não há aqui diferenças, e assim tudo funciona.

O paraíso é maravilhoso, poderoso, único, perfeito, porém o que posso dizer que existe de fato de diferente na Terra?

Fazendo uma comparação muito simples percebo as seguintes diferenças:

• Quanto à natureza

Tudo funciona com perfeição, porque não existem interferências, não existe a energia de retirar nada para ninguém, não existe poder absoluto, não existe destruição.

• Quanto aos animais, incluídos aqui os seres humanos

Todos são iguais, respeitados, considerados, pois não existe poder, não existem crenças nem conceitos de diferenças.

Percebemos que a diferença não está sendo considerada quanto ao que temos a mais no paraíso, mas sim no que tem de menos ou não existe por lá.

No paraíso não temos poder, julgamento, mentiras, soberba, competição, ganância. No paraíso não tem lugar para o mal seja ele de que forma for, já que esse sentimento ou palavra não é aceito por lá. Na verdade, ele se quer conseguiria viver por lá, não há realmente espaço para ele, pois na mente de todos os que lá vivem somente existe vida!

O Paraíso descrito acima nos leva a pensar de forma muito simples que tal sonho considerado por várias religiões como o grande prêmio para todos os que seguirem o caminho do bem, o que não está de todo errado, apresenta única diferença e que para atingi-lo não precisamos de outros, só precisamos de nós mesmos, de uma decisão de mudar os nossos padrões e alterarmos nossas crenças, e juntos transformar a cada dia o mundo em que vivemos, pois todos os humanos vivos hoje vivem na Terra, logo, se todos os que aqui vivem entenderem isso, conseguiremos em um prazo, creio, não muito longo, atingir tudo o que foi descrito como paraíso, aqui neste planeta chamado Terra, tudo mesmo!

A Terra e o Paraíso

Se todos os habitantes de um planeta chamado Terra resolvessem dar as mãos, acredito que conseguiriam enrolar a Terra várias vezes, cruzando oceanos, rompendo tempo, encurtando distâncias, trazendo o amor e o perdão. Nossa, que presente seria para as gerações do futuro! As crianças nasceriam e cresceriam em um planeta onde seus antepassados deram as mãos e trouxeram o planeta novamente para o eixo do estado absoluto do amor, essa visão é o Paraíso!

Em contrapartida, o que vemos hoje nesse planeta chamado Terra são pessoas poderosas, seja pelo poder político, religioso, não importa qual, juntando riquezas por meio de atitudes desonestas, juntando riquezas enquanto outros passam fome e morrem sem assistência, juntando quantidades assustadoras de patrimônio e recursos financeiros astronômicos enquanto outros não possuem sequer o direito de permanecer vivo com dignidade. A pergunta que fica é: Essas pessoas por acaso descobriram o elixir da vida eterna? Acreditam realmente que irão viver para sempre, ou pensam em juntar muito para presentear seus sucessores com presentes, frutos da dor de outros?

Como não temos respostas aos questionamentos, exceto a afirmação de que tal atitude é fruto de total ignorância e, obviamente, de um povo que ainda não está pronto para viver no Paraíso, questiono a todos os que aqui estão compartilhando comigo o caminho para realizar em suas vidas o que chamo de Alquimia da transmutação, as seguintes perguntas:

- O que desejam ter e o que desejam deixar de presente para seus sucessores?
- O que podem começar a fazer hoje para quebrar os padrões que se não forem quebrados não os levarão ao final que desejam?

Vamos agora, de forma analítica, focar em atitudes da Terra hoje, e da Terra como um paraíso, e analisar os casos referentes à vida dos nossos personagens até agora.

A história de Marcos, João e Sofia: Planeta Paraíso – Terra

Em um planeta chamado Paraíso, mais conhecido como Terra, o povo vivia em verdadeira harmonia, todos realmente se viam no outro, existia uma total unidade entre o Pai Céu e a Mãe Terra, os filhos animais, vegetais, minerais, todos os que viviam nesse planeta sentiam um ao outro como parte um do outro, e assim o funcionamento de tudo era perfeito.

Em um ano, que pouco importa os números, nasceram três crianças: Marcos, João e Sofia, os três eram crianças lindas e muito amadas, seus pais viviam em uma cidadezinha neste planeta chamado Paraíso, todos dividiam a mesma rua dessa cidade. Em verdade, tinham muitas pessoas por lá, e todas viviam em harmonia.

Marcos, João e Sofia já com idade de sete anos foram brincar em um local encantado, cheio de árvores, flores, riacho, e resolveram conhecer o alto da árvore, e pediram aos pais se podiam subir na árvore, os pais rapidamente se empolgaram com a atitude porque sabiam que o que sentiriam seria maravilhoso, então todos levantaram e se colocaram a incentivar os filhos, ao mesmo tempo que perguntavam o que estavam vendo a cada galho que conseguem subir, e dessa forma todas as crianças descreviam o que viam de cima, e os pais de baixo os orientavam à melhor direção que estavam conseguindo ver; e todos os três conseguiram chegar em cima e descrever a beleza de olhar tudo por cima, e assim os pais que estavam embaixo também compartilharam junto com eles essa emoção, simplesmente maravilhoso!

Esses amigos cresceram juntos e puderam compartilhar todos os pensamentos, dúvidas, sonhos e juntos com todos dessa cidadezinha do planeta Paraíso conseguiram atingir o melhor deles mesmo para o lugar. Todos estudaram dentro do que o seu coração desejava, não existia pressa, certo ou errado, branco ou preto, melhor ou pior, não, o que existia entre todos era uma enorme harmonia, um enorme prazer ao ver que o outro estava feliz, e tudo o que todos mais gostavam de fazer eram coisas para que o outro sempre estivesse sorrindo, então, todos sorriam o tempo todo.

Nesse planeta o que comandava era a união, todos se sentiam plenos se o outro também estivesse, todos sentiam fome e juntos dividiam o pão, todos desejavam algo somente se este algo servisse para que todos se sentissem melhor. Nesse planeta chamado Paraíso tudo era de todos e todos eram de tudo.

Marcos, João e Sofia trabalhavam, casaram, tiveram filhos, tudo que relatamos no capítulo anterior aconteceu, porém nenhum dois três foi movido por medos, pelo ego, ou qualquer coisa que lembrasse competição, afinal os três, neste caso, moravam em um lugar chamado Paraíso Terra.

Vendo o caminhar e a evolução neste lugar observamos que não existe medos, não existe nada que os impeçam de realizar tudo como as águas de um rio, que corre em alegria, posso dizer que isto é o Paraíso.

Os amigos cresceram e nunca se separaram, aliás ninguém se separa por aqui, essa palavra não existe, pois aqui o entendimento é que tudo existe de verdade quando todos e tudo estão vivendo juntos em unidade.

– Análise dos Casos - Vida –

Algo muito importante governa este lugar, não um governante ou lei feita por homens, não, aqui a única lei é amai ao seu irmão como a vós mesmo, desta forma não existe conflitos.

Roubar, mentir, enganar, matar, competir são verbos que já foram extintos por aqui há muito tempo, na verdade fazem parte de uma história primitiva que os adultos contam de um tempo onde as pessoas eram tão distantes de si mesmas que viviam e morriam sem nunca ter se conhecido ou experimentado a plenitude do que de fato é viver.

Toda vez que essa história é contada, se forma em todos uma grande exclamação e em uma só voz todos entendem que esse tempo primitivo aconteceu porque os homens que aqui viviam competiam entre eles, eles não se viam, logo não viviam também, pobres homens!

Bem, todos perceberam que estamos falando do mesmo lugar, o planeta Terra em que todos vivemos, e do Planeta Terra-Paraíso onde todos queremos viver, e aí, qual a diferença entre um e outro?

O planeta é o mesmo, tudo o que vi de maravilhoso é a mesma coisa que vejo hoje na Terra, não obstante, muito mais iluminado, mais colorido, mais feliz, mais harmônico, onde está a verdadeira diferença?

Nós, habitantes, sim, a humanidade que habita a Terra hoje é completamente diferente da humanidade que habita o Paraíso, nossa, não consigo sequer comparar. Para ficar mais claro, se fosse comparar, teria de comparar os homens da caverna, se é que existiram, com os homens de hoje, quanta diferença, sim, são tantas que levaria todo o livro para descrevê-las, mas vamos lá. Vamos de forma breve descrever as diferenças já que a única coisa que possuem em comum é que ambos vivem em um planeta maravilhoso, ambos vivem em um paraíso, porém somente os que conseguem ver isso são aqueles que desenvolvem a Inteligência Emocional, Transmutam os padrões e ativam sua Pedra Filosofal, somente esses vivem verdadeiramente em um paraíso.

Bem, principal diferença está na palavra amor; os que hoje vivem na Terra sentem a emoção do amor, no paraíso vivem o amor; na Terra competem entre si o tempo todo, no paraíso vivem unidos, todos são um; na Terra sempre tem alguém melhor, logo tem muitos piores; no paraíso todos são especiais e iguais; na Terra o amai-vos um aos outros como a ti mesmo significa: amai-vos alguns como a você mesmo, o resto desconfiem!; no paraíso o amor é uma unidade; na Terra vale aquele que consegue ganhar mais para si mesmo; no paraíso o grande prazer é quando todos conseguem chegar juntos. Enfim, ficaria aqui durante muito tempo, mas esse não é o propósito. Devemos iniciar um processo agora de questionar a forma que queremos viver, de que forma queremos chamar o lugar onde vivemos, se de Terra, ou Paraíso-Terra.

Caso alguém que esteja lendo este livro queira viver somente na Terra como ela hoje se apresenta, aconselho a parar de ler, e quem sabe presentear a outro que queira iniciar o processo de viver na Terra Paraíso, pois iremos começar agora o nosso primeiro passo em direção ao início da Alquimia da Transmutação, onde a pedra bruta que hoje somos vai ser transmutada em uma pedra valiosa. Iremos iniciar no próximo CA-PÍTULO o estágio de exercícios práticos para nos conectar com o melhor de nós mesmos, para isso sugiro que antes de começar a ler o próximo CAPÍTULO parem um pouco e pensem:

- Qual personagem tenho vivido até agora?
- O que tem governado a minha vida?
- Para onde quero ir?
- Qual o meu ideal de vida, minha missão?
- Quem eu amo?
- A quem preciso pedir perdão?
- Preciso me perdoar?
- Preciso perdoar a alguém?

Se as respostas são positivas, por favor não continue a ler o próximo CAPÍTULO sem antes ter feito o descrito abaixo:

Exercício Inicial:

Esse exercício deve ser feito antes do início da leitura do próximo CAPÍTULO.

1- Separe um caderno, que terá o nome de caderno de realizações e escreva Alquimia da Transmutação, abaixo escreva seu nome todo.

2- Neste caderno inicie a escrever de forma clara os questionamentos acima, pode escrever como se contasse uma história, inclusive dando nomes. Escreva o que precisa perdoar em você, nos outros e a quem precisa pedir perdão.

3- Tendo tomado consciência, é necessário que se faça a ação, sabendo que depois do pedido de perdão deve vir: eu me amo, eu te amo, eu amo a todos.

Somente depois de dar início ao processo de construir o paraíso, somente depois de pedir perdão, de perdoar os outros e de se perdoar estará iniciando o processo de conquistar a sua pedra filosofal, e assim estará começando a fazer parte da iniciação da Alquimia da Transmutação.

Não tenha pressa, faça tudo com muita calma, porém somente após a execução desse exercício leia o próximo CAPÍTULO.

CAPÍTULO IV

Iniciação à Alquimia da Transmutação

Parte I

Ao iniciarmos esse processo precisamos dar algumas orientações para que tudo o que for passado seja devidamente aprendido e possa produzir o efeito necessário e desejado para a transmutação.

Vamos falar um pouco sobre a palavra alquimia. Podemos simplificar dizendo que alquimia é a palavra que indica uma ciência mística conhecida como química da antiguidade ou da idade média, que tinha por principal objetivo a transmutação de um elemento em outro.

Muitos acreditam que essa palavra teve início com os egípcios, outros com os chineses e outros afirmam que foram os árabes que a descobriram, isso pouco importa, pois a Alquimia da transmutação foi trazida aos tempos atuais pela necessidade de despertar a humanidade para a verdadeira essência do seu ser, logo, não é um processo de transformação de uma pedra bruta em ouro, mas sim um processo de transmutação de um ser envolto em ilusão e padrões para o seu verdadeiro ser, sua verdadeira essência, é um retorno a si mesmo, para que dessa forma o ouro que já somos possa sair e assim sermos o melhor de nós mesmos.

Temos vários relatos que um dos principais objetivos da alquimia era transformar metais não preciosos em ouro, como por exemplo, chumbo em ouro. Assim, foram feitos vários esforços para se criar a Pedra filosofal, que teria a capacidade de transformar metais em ouro.

Outro dos alvos conhecidos da alquimia era a criação do elixir da vida eterna ou da imortalidade, que daria a imortalidade ou vida prolongada a quem o bebesse.

Como não poderia ser diferente no século IV, a prática da alquimia foi proibida pelo Imperador Romano Constantino, considerando que tal prática poderia atrapalhar o poder de um rei, visto que a população era livre para sonhar, livre para ser o que queria, e isso sem dúvidas não é bom para quem quer dominar, para quem quer um povo submisso e obediente, então, a pratica da alquimia foi considerada bruxaria, coisa do mal, óbvio que foi proibida por esse crivo, e dessa forma convencendo a toda população da época.

Tomando por base o que acima foi dito, algumas palavras e frases aparecem em todos os conceitos, tais quais:

• Pedra filosofal e elixir da vida ou da imortalidade

Em todos os conceitos a palavra alquimia tinha por principal função descobrir essa pedra e fabricar esse elixir. Guardem isso, pois iremos retomar mais tarde a esse tema.

Passaremos agora para o conceito humano da palavra transmutação, salientando que já existem inclusive conceitos de transformação de pensamentos negativos em pensamentos positivos por meio de técnicas que alguns dizem ser uma transmutação mental.

Não obstante, para a alquimia, a transmutação é a conversão de um elemento químico em outro, este conceito é também aplicado com características próprias na genética e na física nuclear.

Devemos observar que com o florescimento do conhecimento científico, constatou-se que a transmutação alquímica é improvada, por outro lado, este fenômeno ocorre na natureza de forma espontânea quando certos elementos químicos e isótopos possuem núcleos instáveis. Em tais elementos, se produzem fenômenos de fissão nuclear, que se transformam em novos elementos de números atômicos inferiores, até que os seus núcleos se tornem estáveis. Já a transmutação em elementos de números atômicos maiores dá-se em temperaturas elevadas, como as que são registradas no sol, este processo é denominado de fusão nuclear.

Hoje a ciência já fala de transmutação artificial, que consiste em transformar um elemento químico em outro, esse processo acontece em laboratórios de física nuclear onde novos elementos químicos são criados através de reações nucleares. Um exemplo é a transmutação de berílio em boro. A primeira transmutação artificial foi feita por Rutherford, bombardeando-se elementos com a partícula alfa emitidas pelo Polônio, essas partículas conseguiram introduzir-se para dentro do núcleo do Nitrogênio que após a reação originou Oxigênio, descobrindo-se que este se transforma em outro elemento, ou seja, a transmutação artificial não ocorreria na natureza, é um processo forçado, pelo menos é assim que a ciência diz.

Quanto à palavra transmutação, podemos reiterar algumas repetições que encontramos nos vários conceitos, tais quais:

- Alterar uma coisa em outra?
- Conseguir trazer uma outra coisa a partir de outra.

Concluímos com esses conceitos algo correto, transmutar não é arrumar, reorganizar, ou trocar pensamentos negativos em positivo, não, transmutação é extinguir algo que não queremos para que o que queremos possa vir à tona.

A Alquimia da Transmutação é o mecanismo que temos para, através dos sentidos humanos, da sabedoria, do conhecimento de nós mesmos alterarmos em nós o que está petrificado, esquecido, em um metal precioso que na verdade habita em nós, porém está atrofiado.

Em um dado momento da História da humanidade a Grande Pedra Filosofal que é a mente humana foi transmutada em outra coisa, então, o que vamos fazer é o caminho de volta, vamos desfazer tudo o que em nós foi construído de forma a nos transformar em pedras brutas e sem valor para o que verdadeiramente somos.

A pedra filosofal mental será reativada ocasionando com isso uma verdadeira transmutação alquímica, em que todos os pensamentos serão organizados com base em sentimentos e valores reais, levando o ser humano a uma cura da alma, recebendo assim o elixir da vida eterna, que o permitirá estar vivendo nessa Terra como um eleito, rico em sabedoria, produzindo sua própria cura, seja ela qual for, e assim podendo colaborar para a cura de outros.

A Alquimia da Transmutação permitirá que todos os que se dedicarem em desapegar de padrões implantados alcancem o conhecimento da Pedra Filosofal, podendo assim produzir no seu corpo quantidade suficiente do que chamam de Elixir da Vida Eterna, prolongando e intensificando assim a comunicação e a vida com o sagrado. Essa substância será produzida pelo corpo de todo aquele que conseguir transmutar completamente sua Pedra Filosofal, fazendo com que a ignorância seja substituída por sabedoria, e para isso precisa passar por alguns portais energéticos, através de exercícios e desapegos, levando-o finalmente aos tempos que estão por vir.

CAPÍTULO V

Princípios da Alquimia da Transmutação

Bem, tendo entendido o que é Alquimia da Transmutação e já tendo realizado o primeiro exercício solicitado no capítulo anterior, estamos falando da liberação de perdão, continuaremos a orientá-los ao próximo exercício, em que o mesmo caderno será utilizado.

A partir de agora solicitamos que iniciem um processo de observação absoluta sobre todos os atos individuais, a começar pela alimentação. É necessário que se adquira hábitos alimentares voltados somente para a recuperação do corpo, fazendo com que o mesmo se alimente para desenvolver maior potencial de energia, onde todo o organismo funcionará a favor dos órgãos e de cada célula.

É notório que a alimentação nos tempos atuais na verdade funciona como veneno, para que cada vez mais pessoas precisem de remédios e com isso os grandes laboratórios consigam seguidores; esses laboratórios são verdadeiros fornecedores de drogas viciantes que produzem um papel muito importante na escravização da raça humana.

Todos ao chegarem nesse planeta chegaram limpos, e à medida que aqui cresceram receberam através dos sentidos conhecidos pela humanidade verdadeiras bombas de intoxicação, seja por meio do sentido dos ouvidos, onde como nas histórias de Marcos, Sofia e João, observamos o crescimento assustador dos medos nas etapas da vida.

Esse processo ocorre através do que ouvimos, nesse caso com a utilização do sentido da audição, unido com outro sentido, o da visão, pois os exemplos servem de fixadores do medo, trazendo o pânico e diversas enfermidades, tais como depressão e as diversas síndromes hoje conhecidas.

Tudo o que ouvimos e vemos vão nos proporcionar emoções; as emoções provenientes de medos sempre serão sabotadoras, estamos falando do egoísmo, do narcisismo, do estado de inferioridade e ou superioridade, da necessidade de mentir, de roubar, de enganar, todas essas emoções são desenvolvidas no ser humano quando este inicia o processo de desenvolvimento dos sentidos.

Vamos agora registrar algumas emoções comuns, que permeiam a vida de todos o tempo todo, e que enquanto viverem, sendo movidos e dirigidos por elas, não conseguirão caminhar em direção ao autoconhecimento, com isso dificilmente atingirão o propósito de novamente serem livres – são elas:

- Pensamento – tristeza – angústia
- Tédio – nojo – repugnância
- Distração – assombro – temor
- Aborrecimento – raiva – ira
- Remorso – arrependimento – submissão
- Agressividade – julgamento – mágoa
- Melancolia – desprezo – superioridade
- Solidão – separação – competição

Podemos afirmar que essas emoções e mais algumas norteiam a vida de todos, e que frequentemente estão passando entre elas, ora de forma mais intensa, ora mais branda, no entanto, a vida humana tem sido movida dentro dessas emoções de baixa frequência, visto que geralmente produzem efeitos negativos em quem as sente, logo são consideradas como energias negativas, ou de baixo padrão de evolução.

– Princípios da Alquimia da Transmutação –

Desde que o desejo de dominar junto com o desejo de poder invadiu a humanidade, essa anda entre as emoções de baixa frequência, irradiando uma energia negativada em todos os que vivem sobre sua regência, não importando o nível de poder. Um pai e uma mãe possuem a princípio um domínio, um poder sobre sua prole e dessa maneira exercem todo esse poder na mesma medida em que se encontram suas frequências, logo, se estiverem movidos por emoções de baixa frequência inevitavelmente trarão para seus subordinados consequências dessas energias negativadas, que podemos dar o nome de traumas, medos, distúrbios de personalidade e de caráter, fruto da convivência ativa durante a vida toda em meio a essas emoções negativadas.

Se trouxermos isso em um âmbito maior, como o poder de um governo sobre o povo por meio de enganos, mentiras, submissão, humilhação e formação de crenças, seja religiosa ou não, teremos um panorama ainda pior, pois o distúrbio de caráter acontecerá como uma peste que se alastra muito rápido sobre todo o planeta. Unindo esse panorama ao demonstrado acima, temos amplificado ainda mais essa atuação, pois ao nascer dentro da família temos informações de emoções negativas, que são padronizadas pela sociedade, pela educação, pela própria ciência, logo, o que sentimos é intensificado pela consciência informando que isto é o certo, então continuamos a navegar dentro dessas emoções que somente nos fornece sensações negativas, porém como são as únicas que conhecemos, damos o nome de zona de conforto.

Vamos agora informar outras emoções que permeiam a humanidade e que ao contrário da demonstrada acima, fornecem a quem as percebe sentimentos, valores positivos, que trazem na bagagem coragem, aprendizados e muita sabedoria. Todavia, essas emoções positivas, pois produzem efeitos positivos, são pouco percebidas, como dizem, duram pouco, não sendo traduzidas em zona de conforto, visto que poucos conseguem viver nelas o tempo todo, isso no mínimo é curioso – são elas:

- União – confiança – paz
- Serenidade – felicidade – plenitude

- Amor – colaboração – solidariedade
- Força – certeza – gratidão
- Sabedoria – integridade – fé

Muitos são os valores e sentimentos que elevam o coração em nível do gozo pleno, todavia, esses não são considerados zona de conforto, ao contrário, são áreas muito difíceis de ser navegadas pela humanidade, e quando conseguem chegar em alguma momento nessas energias, essas são tão estranhas, que mesmo gostando de percebê-las, saem em busca das conhecidas, mesmo que essas lhe façam mal, e desse modo, permeando essas emoções vive a humanidade, e tudo isso é percebido pelos sentidos humanos, que não diferente também estão distorcidos e por conta disso sendo mal utilizados entre todos.

Os quatro sentidos conhecidos e desenvolvidos no ser humano são:

- Paladar, audição, olfato, visão e tato.

Todos os cinco sentidos estão intimamente ligados ao corpo material, dessa forma possuem uma função muito clara, a de nos aterrar ao nosso novo corpo, a matéria. Devemos deixar claro que esses sentidos não possuem uma segunda função, a de nos desconectar no nosso corpo espiritual, ou energético como preferirem, portanto, quando os sentidos materiais fazem a segunda função, o que estão fazendo na verdade é transformando a Pedra Filosofal de cada um em nada, em um objeto inútil, sem vida, sem valor.

Vamos agora colocar em cena um que desde os primórdios da humanidade vem atuando de forma intensa em todas as áreas, todos os governos, toda guerra, estamos falando do EGO, pois quando os sentidos são desenvolvidos somente pelo estado do ego, esses inutilizam totalmente a capacidade dessa Pedra Filosofal individual de atuar, impossibilitando assim a produção do elixir da vida eterna com o sagrado, fazendo com que o ser humano fique à mercê da sua própria ignorância, levando-o como um robô, de um lado para outro, andando sobre o véu da ilusão,

– Princípios da Alquimia da Transmutação –

onde não conseguem sequer escolher, pois tudo o que fazem é copiar, repetir e seguir conceitos já definidos, que muitas vezes não trazem nada de positivo, de crescimento, mas mesmo assim o que vemos são seres executando há milênios sempre a mesma coisa, acreditando que estão tendo o direito ao livre-arbítrio. Afirmo que isso não é livre-arbítrio, antes a personificação de um arbítrio escravo, que imita uma liberdade, mais nunca conseguirá transformar o ser em um ser livre.

Os princípios da Alquimia da Transmutação têm por base o fato de que todos os seres humanos que hoje vivem no planeta Terra antes de serem matéria são seres espirituais, logo estamos aqui para aprender a ser humanos, pois ser seres espirituais todos já sabemos e muito bem.

Com o recebimento do corpo da matéria imediatamente iniciamos o processo de desenvolver os sentidos humanos, ficando preso a um corpo material e a uma mente que mente o tempo todo, nos afastando todos os dias do encontro fascinante com a nossa pedra filosofal, com os nossos sentidos espirituais e com a certeza de que podemos produzir em nós o elixir da vida eterna com o sagrado, sendo assim, todos permanecem adormecidos para o que verdadeiramente são.

Os princípios da Alquimia da Transmutação são os princípios da vida espiritual, logo, também devem ser os princípios da vida na matéria, pois não é possível dividir o que é uno, dessa forma passaremos a conhecer os agentes facilitadores e as ferramentas importantíssimas que teremos no processo de transmutação. Abaixo, citamos os princípios desse treinamento.

> *Primeiro Princípio:*
> *Unidade – Todos e tudo se traduz em uma única coisa, em energia que se complementa e forma a unidade universal?*

> *Segundo Princípio:*
> *Ser – Eu sou o que digo ser, o que falo e o que faço?*

> *Terceiro Princípio:*
> *Amai ao teu próximo como a ti mesmo.*

Renascimento, poderia ser uma ótima palavra para descrever o que ocorre quando o ser humano passa a conhecer a ele mesmo, inicia o processo de utilizar os 03 princípios acima todos os segundos da vida e desenvolve os sentidos espirituais, que poderíamos citar, como o amor, a sabedoria e o sentido do Ser. Porém, é muito mais do que esta palavra, quando isso acontece, o que de fato está ocorrendo entre o micro e ma-cro-organismo é a Alquimia da Transmutação, onde as conexões são res-tabelecidas, e o ser humano passa a ser um ser humano Sagrado, Divino.

Essas conexões ao serem restabelecidas, as pessoas de fato estão prontas para utilizar o direito do Livre-arbítrio, pois antes mesmo sendo um direito dado à humanidade, todos sem exceção não conseguiriam uti-lizar deste direito, pois para utilizá-lo temos de ter escolhas e conhecê-las. Quando tudo o que temos são conceitos que se alternam em opiniões e achismos de outros, não temos escolhas. Só conseguimos utilizar de verdade o livre-arbítrio quando temos escolhas, quando conhecemos de fato, caso contrário, tudo o que conseguimos é escolher entre tomar café puro ou café com leite.

A ilusão em que se encontra a humanidade faz com que acreditem que estão escolhendo, que estão utilizando do livre-arbítrio e assim vão caminhando, correndo atrás da vida, e quando despertam estão diante da morte, e a vida que tanto procuraram ficou pra trás.

Se todos pudessem escolher entre ser feliz e pleno e ser vazio e in-feliz, o que escolheriam?

Acredito que ser feliz e pleno seria a resposta da maioria, contudo, o que vemos crescer todos os dias são pessoas precisando de remédios para dormir, para sentir paz, para ser feliz. Se todos têm realmente o livre-arbítrio, baseado em uma escolha verdadeira, acredito que essa opção seria a da minoria, visto que a resposta entre ser pleno e feliz seria da maioria, correto?

Bem, se morrer e fazer escolhas são as duas coisas das quais nenhum ser humano pode fugir, o que está acontecendo com as escolhas, propo-sitalmente, todos têm escolhido ações que os deixem tristes, sem sono,

– Princípios da Alquimia da Transmutação –

desesperados, ou vamos culpar os outros, o planeta, enfim qualquer coisa para justificar a nossa ausência de felicidade e paz.

Seguindo essa linha podemos considerar que o ser humano não sabe escolher, exemplo: muitos escolheram e escolhem a guerra, poucos a paz; alguns escolheram ajudar o outro e a maioria deseja o que é bom só para si mesmo; muitos matam, poucos salvam vidas. Diante dessa realidade cada vez mais próxima, o que temos a questionar: O ser humano não sabe escolher? Ou o ser humano vive sob o crivo do ego e dessa forma não tem escolhas?

O início do processo da Alquimia da Transmutação é fornecer ao ser humano todas as conexões necessárias entre os sentidos perdidos, para começar a escolher sobre a realidade do que deseja, trazendo para si os valores dos sentidos espirituais, o amor, a sabedoria e o sentido do ser – a fé entre outros.

Nos capítulos seguintes mostraremos como somos contaminados e nos distanciamos de nós mesmos através dos sentidos materiais já citados, e forneceremos alguns exercícios e técnicas importantes para o início consciente da Alquimia da Transmutação.

A execução dos exercícios por parte de todos os que desejam de fato passar pelo processo da Alquimia da Transmutação é fundamental para que os sentidos passem pela transmutação completa e dessa maneira iniciem o seu caminho de volta, para dentro da Pedra Filosofal Individual, trazendo novamente a vida e o brilho perdido.

Com a chegada de todos os sentidos materiais transmutados, o interior da Pedra se ascende, e os valores fundamentais da vida humana começam a ser iluminados, e também esses começam a ser percebidos, dessa forma inicia-se a preparação para ascensão dos sentidos espirituais mais profundos, todos retomando o seu posto dentro do ser humano.

Sugerimos que todos tenham separado para esse trabalho um caderno que será chamado de caderno das realizações como já foi informado acima, então preencha esse caderno com esse título, além de colocar o nome do trabalho e seu nome também, isso será muito importante.

Caso desejem, para estimular o contato há tanto perdido com a sua essência, ou sua Pedra Filosofal, poderão eleger uma Pedra e deixá-la com o caderno para facilitar os exercícios, como sua Pedra Filosofal, e sempre que estiver fazendo os exercícios utilizem o sentido da visão, visualizando poderá mais facilmente ajudá-lo a entender o processo.

Como sabemos que a mente controla a maioria dos seres humanos que vivem no planeta chamado Terra, sabemos que nesse momento muitos podem ter percebido alguns pensamentos, tais quais: "Hummm, isso me parece bruxaria, magia, macumba, enfim, qualquer coisa que passe um contexto negativo ou de ignorância." Logo, após esse pensamento entra o julgamento, onde os seres se colocam acima dessas bobagens, e assim conceituam que não precisam de trabalho nenhum, e começam a sentir que continuar é uma tremenda perda de tempo.

Como sabemos que isso ocorrerá, solicitamos que não desistam tão facilmente de vocês mesmos, pois a Alquimia da Transmutação transcende todos os conceitos humanos; não tem por objetivo levantar nenhuma bandeira religiosa, filosófica ou científica, somente trará sobre conceitos científicos, religiosos e filosóficos, os conhecimentos ocultos que existem por trás dos conhecidos, e o que essa sabedoria pode fazer para aproximar o homem de sua essência, e assim o homem poderá adquirir novamente o seu poder de escolher e, portanto, de ser livre.

CAPÍTULO VI

O sentido do Paladar

Se pudéssemos conceituar o sentido do paladar o que encontraríamos por aí, procurando encontrei o seguinte: Os órgãos dos sentidos são receptores externos de estímulos sensoriais, cuja função é transformar os estímulos em impulsos nervosos fornecendo sensações nesse caso de sabores, sendo assim órgão chamado língua comanda o sentido do paladar, agora vem a pergunta: Será que é só isso mesmo?

Uma das portas de entrada de contaminação dos seres humanos é a boca, pois através dela ingerimos alimentos e substâncias que na grande maioria das vezes nos trazem enfermidades, não saúde. Muitos já devem ter ouvido a expressão que diz: Tudo que é bom engorda! De forma nenhuma estamos preocupados com o fato de engordar, muito embora com escolhas conscientes naturalmente assumiremos o corpo que precisamos para estarmos em harmonia com nossa alma e espírito, transmitindo para todas as nossas células o nosso controle sobre nossas escolhas.

Estamos falando de quebra de paradigmas, quebra real de padrões, com o encontro do que de fato nos importa, do que de fato faz parte de nós, portanto não existe aqui não pode, certo ou errado, o que existe para o desenvolvimento desse sentido adequadamente são algumas perguntas e alguns hábitos. As escolhas sempre serão feitas pelo dono do organismo que está sendo transmutado, nunca existirá fórmula mágica, ou um líder que ditará o que é bom ou ruim para ninguém, exatamente ao contrário do que estão acostumados, à medida que conhecerem a si mesmos, estarão prontos para fazer escolhas, e dessa forma não terão a quem culpar por escolhas não positivas, e assim aprenderão a escolher novamente.

Iniciação da transmutação do sentido paladar

O exercício inicial sugere que sempre que for se alimentar faça a pergunta consciente quanto à real necessidade e benefícios de ingerir para dentro do teu corpo o que acabou de iniciar a escolher, e antes de comer aguarde e ouça o que a sua consciência responde. Em seguida, coma e saiba que dessa forma acabou de fazer uma escolha.

Esse processo deve se repetir tanto na escolha do que vai ser ingerido de sólido quanto de líquidos, considerando as quantidades que cada um precisa para se sentir com energia para uma vida plena. A única regra aqui é que não é permitido repetir, ou seja, uma vez escolhido o que comer e sua quantidade, ao acabar o que foi colocado no prato inicialmente, acabou!

Solicitamos que o processo de se alimentar seja consciente, ou seja, saibam que tudo o que está sendo ingerido precisa ser transformado em energia positiva para alimentar adequadamente cada órgão, fornecendo sanidade para cada célula, logo, a partir do processo de iniciação da Alquimia da Transmutação não é mais permitido se tratarem como meros robôs adestrados a fazer coisas que a propaganda diz ser bom. Agora tudo precisar ser feito, será questionando a consciência do Ser, somente assim se traduzirá em escolhas individuais e positivas.

O sentido do paladar não está somente relacionado ao ato de comer, mas a tudo o que colocamos para dentro do nosso corpo através da boca, e o que deixamos sair pela boca também.

O nosso falar é a mais alta forma de expressarmos as emoções. Nesse trabalho de exercitar o sentido do paladar incluiremos o ato de falar, então, nossa boca precisa expressar o mais sincero de nós mesmos, a nossa fala precisa seguir o princípio básico dessa técnica – Ama a teu próximo como a ti mesmo!

Logo, quando estivermos prontos para falar precisamos trazer para consciência e refletir o quanto que o que estamos pensando em expressar pela linguagem oral irá fornecer de alegria a outros e a nós mesmos, o quanto o nosso falar será a representação viva do que queremos ser, do que de fato estamos sentindo, e nesse caso não estamos falando de emoções, mas de sentimentos de valores fundamentais como o amor, a união, a honestidade, a integridade, o perdão, valores que são na verdade sentidos espirituais.

É fato que nosso cotidiano consiste em se alimentar e falar constantemente, portanto esse exercício é contínuo, diário e deve ser programado por todos os que estão iniciando a Alquimia da Transmutação de forma organizada, para tanto sugerimos que inicialmente aproveitem o caderno já solicitado e anotem as escolhas, depois naturalmente quando esse processo já tiver feito a sua função, a de transmutar valores, isso será facilmente dispensado.

Resumindo, o processo de iniciação à transmutação do sentido paladar, incluindo nesse processo o falar

Primeiro passo:

Escolher consciente o que comer e beber e suas quantidades, não podendo repetir?

Perguntar sempre sobre qual a função no corpo de tudo o que foi escolhido e se trará os benefícios esperados para o corpo que estará sendo submetido a essas substâncias?

Se desejarem para melhor organização, anotem as escolhas no caderno já designado para esse processo?

Lembre-se de que tudo o que está relacionado à boca, está relacionado a essa parte da transmutação, portanto o ato de falar precisa passar pelo crivo individual da consciência, levando sempre em consideração o princípio básico que norteia a Alquimia da Transmutação – Ama a teu próximo como a ti mesmo!

Alguns hábitos esquecidos nesse momento devem ser ativados e praticados mais frequentemente, como agradecer a você mesmo pelo que é, agradecer a outros pelo que são, oferecer ajuda e pedir ajuda, separar tempo para ativar a consciência, se concentrar somente em você, não permitindo que suas mudanças se transformem em verdades, não permitir espaços para julgamentos, tirar completamente os achismos de seu vocabulário e aprender a contemplar as diferenças. Essas são atitudes que juntas com o desenvolvimento do sentido do paladar irão transmutar fórmulas mentais implantadas por conceitos que não provêm o crescimento dos sentidos fundamentais do Ser.

É preciso observar que não estamos defendendo uma ou outra forma de alimentação conhecida hoje no planeta Terra, tais quais: vegetariana, a védica, macrobiótica, orgânica, natural, sem açúcar, sem lactose, sem glúten. Não estamos fazendo apologia a nada, pois consideramos cada um como um ser espiritual capaz de escolher mediante os maiores benefícios para si, desde que seja movido somente pela consciência individual, então, nesse processo voltamos a repetir: não existe certo ou errado, melhor ou pior, mais bonito ou mais feio, que são valores irrelevantes quando imitados e não sentidos, por isso não faz sentido em se tratando da Alquimia da Transmutação.

Em relação ao ato de falar, igualmente não estamos aqui fornecendo fórmulas corretas de se expressar, ou fórmulas mais educadas, ou aceitas socialmente, esse não é o propósito dessa Alquimia; o que estamos propondo é que antes de expressar o falar, levem esse ato para consciência e o ponderem com relação ao princípio básico dessa transmutação – Amai ao teu próximo como a ti mesmo!

Ao ouvir esse parágrafo pode ser que o julgamento mental tenha dito: "Nossa isso mais parece religião ou que utopia!" O que estamos falando com o princípio de Amai ao teu próximo como a ti mesmo é exatamente quanto a aprender a fazer escolhas, pois quando não utilizamos desse princípio no momento em que estamos prestes a falar, certamente, podemos nos precipitar através de emoções, com isso trazer para nós efeitos muito negativos, dor e sofrimentos, logo, quando colocamos nosso falar sobre o crivo da consciência nos protegemos de escolhas como sofrer

– O sentido do Paladar –

e sentir vazios, e com isso protegemos também a todos. Isso, senhores, não tem nada a ver com religião, mas sim com sabedoria; nada tem a ver com sonhos, mas sim com escolhas!

Trazendo as histórias de nossos três personagens muito comuns, João, Marcos e Sofia, podemos encontrar em toda história relatada a ausência absoluta de escolhas, o que eles fizeram o tempo todo foi obedecer a um ego bem duro, que em todos os momentos os torturava com dores, perdas, medos, e assim acreditando que estavam fazendo escolhas, sofreram a dor que cada um não soube dizer não. O sentido do paladar e falar nesses personagens são tão aterrados à matéria, que o que era ingerido tanto em excesso com as drogas por João que o levaram à quase morte, enquanto que tudo o que queria era vida, escolhas opostas, resultados negativos.

Marcos por sua vez, aparentemente, fazia melhores escolhas na alimentação, porém o articular do falar o levaram ao oposto do que desejava escolher, pois o que queria era paz, e o que encontrou foi deses-pero, riqueza também, entretanto, com dor, mentira, doença, novamente escolhas opostas, resultados negativos.

Sofia, que todo o tempo se mostrou muito ponderada, ao engravidar, optou por comer, engordou demais, sofreu, escolhas opostas, resultados negativos. Sempre preferiu ser o que o outro esperava dela, portanto nesse caso ocorreu uma ausência de falar, quando tudo o que precisa ser expressado ficou guardado na boca, escolha oposta, resultado negativo.

Em alguns momentos da vida dos três observamos a ausência de consciência do sentido do paladar e falar, trazendo escolhas opostas aos desejos individuais, o que nos mostra claramente que o que aconteceu não foi uma escolha, o que ocorreu é que sem escolha apenas sobra uma única forma de fazer as coisas, as designadas pelo ego através das emo-ções. Exemplificando escolher sem escolhas é como se tivéssemos dois pares idênticos de tênis, e tivéssemos que escolher, e aí isso é escolha?

A ausência dos sentidos espirituais desenvolvidos acarreta a ausência de escolhas, pois apenas enxergamos sobre uma ótica, é como escolher sobre o mesmo modelo de tênis, pensamos que estamos escolhendo. Pobres humanos! Não conhecem mais nada além do que os limitados olhos veem, e o pior, acreditam que estão escolhendo, acreditam que utilizam o livre-arbítrio em toda sua profundidade. Não, todos só conseguirão utilizar o livre-arbítrio quando forem livres, enquanto estiverem presos pelos conceitos, pela dualidade, pelo estado de competição nunca saberão fazer escolhas positivas; pode ser que deem sorte em algumas opções que fizeram, porém estão em uma roleta russa, e entre uma exceção de acertos e outro, certamente morreram de tristeza e desespero muitas vezes!

Até o momento, solicitamos a entrega desse treinamento sobre dois exercícios, um sobre o foco do desenvolvimento do Sentido do Perdão, em que o Estado de Amor é exercitado e sentido, e outro com o foco sobre o sentido do paladar, que está unido ao falar.

Sugerimos que esses exercícios sejam feitos durante não menos que 21 dias sem interrupções, caso ocorra uma parada no processo, sugerimos que se comece a contar novamente do início, onde o limite mínimo do treino continuará sendo 21 dias. Quanto a esse número, antes que inicie o processo de julgamento e questionamento, esclareço que não há qualquer tipo de fundamento místico ou qualquer coisa do gênero relacionado. Pesquisas demonstram que o ser humano que consegue se manter em um processo de aprendizado, desapego e treinamento por no mínimo três semanas, ou 21 dias, tem mais possibilidades de se fortalecer no aprendizado, ter evidências motivadoras de resultado, conseguindo com isso realmente transmutar.

Por se tratar de um processo muito sério a Alquimia da Transmutação, aconselhamos que se desejarem realmente passar por esse processo com êxito, só sigam adiante com a leitura e os exercícios, caso se sentirem preparados e com evidências de que comprovem que a primeira transmutação aconteceu ou está no processo de amadurecimento. Porém, se o objetivo é somente agregar mais um conhecimento como leitura sintam-se à vontade em continuar sem precisar praticar.

CAPÍTULO VI

Sentido da Audição

Ao chegarmos ao planeta Terra, após ouvir barulhos sutis dentro do invólucro que permanecemos por 09 meses, nos deparamos com vários sons, desde vozes até sons desconhecidos muito agradáveis, e outros apavorantes. Passados alguns meses esses sons começaram a fazer algum sentido, começamos a perceber que quando fazíamos um som alto, apavorante, todos os seres grandes vinham até nós, nos pegavam no colo e nos davam coisas boas, e assim sem saber começamos a gritar e também a chorar.

O tempo passou mais um pouco, e começamos a perceber que se repetíssemos o que ouvíamos éramos atendidos, então começamos a falar, e assim a comunicação começou a acontecer de forma verbalizada. Quando falamos pela primeira vez a palavra mamãe ou papai ou vovó ou vovô, tudo pareceu estranho, todos começaram a abrir a boca, e nós gostamos do que sentimos, então fizemos o mesmo, e aí foi uma contaminação desse abrir de bocas, que chamamos de sorriso.

Nesse momento, começamos a perceber que sentimos paz quando sorrimos e damos paz, todos ficam felizes, então vou sorrir, gosto do que sinto em mim e gosto que os outros também sintam isso que é tão bom. O oposto também acontece, sei que quando emito aqueles apavorantes sons altos, como chorar e gritar, o que sinto é dor, medo ou raiva, e as pessoas de alguma maneira ficam iguais, então já sei que tenho dois caminhos nesse momento que inicio um processo inconsciente de fazer escolhas pelo que sinto de efeito sobre o que quero conseguir.

Inicia-se o processo do ser humano começar a se distanciar dos sentidos mais sublimes, pois inicia-se a dualidade, o processo de troca, a competição, e isso não para mais, infelizmente tudo vai aumentando em proporções assustadoras.

Quando é chegado o momento em que o falar está dominado, não precisamos mais somente copiar, imitar o outro, inicia-se o processo de ouvir para conceituar, e então começamos a formar nossos pensamentos sobre o que ouvimos, e iniciamos a dizer não, por que? Meu? Enfim, começamos realmente a viver dentro do estado da dualidade que ainda governa o planeta em que vivemos, e com isso o estado do amor já está dividido, pois tenho e devo amar meus parentes, aqueles que eu considero bons, aquele que me ajuda, enfim, iniciamos a julgar sobre a dualidade, e assim nos dividimos a cada dia, e, o conceito de unidade desaparece completamente.

Com o desaparecimento do sentimento de unidade, surge a competição, quando todos somos competidores, e como se não bastasse chegou o momento na vida do ser humano em que ele precisa provar que é muito inteligente, é muito bonito, é muito especial. E a escola, sem dúvida, é uma incentivadora hoje do petrificar a Pedra Filosofal, pois a criatividade, a unidade e os valores do ser são colocados em segundo plano, isso quando estão em algum plano, pois realmente o que observamos é um incentivo contínuo pela repetição, por se decorar conceitos e o pior, por competir para sempre ser o melhor.

Bem, assim como nos contaminamos pelo sentido do paladar, através das nossas escolhas quanto ao que comer, beber e falar, com o sentido do ouvir não é diferente, pois de forma não visível permitimos que coisas, substâncias, energias, como queiram chamar, penetrem nos nossos ouvidos, entrem em nosso corpo e nos faz sentir muitas coisas que depois dão um trabalhão para conseguir nos livrar, como raiva, arrependimento, desprezo, ira, depressão, mágoa, angústia, enfim, o que permitimos que entre em nosso corpo por meio do sentido do ouvir nos trará dor na alma, que inevitavelmente se não for transmutada se transformará

– Sentido da Audição –

em enfermidades, levando a todos aqueles que não possuem o direito de escolher, dominados através desse sentido material chamado ouvir, ser comandados pelo passado, sem conseguir viver o presente e levando para o futuro uma única emoção – o medo.

Qual será o conceito atual desse sentido. Bem, segundo a ciência o órgão do sentido da audição é a orelha, essa faz parte de um conjunto de receptores externos de estímulos sensoriais, com função de transformar esses estímulos, nesse caso o som em sensações. Será que é só isso mesmo?

O sentido do ouvir é muito poderoso, pois cada pessoa pode ouvir coisas diferentes, mesmo quando a fala é a mesma. Esse sentido está ligado com o conceituar de cada pessoa, com o julgamento particular de cada pessoa que está ouvindo.

Para explicar melhor, o sentido do ouvido está ligado diretamente aos nossos hemisférios cerebrais, então se ouvimos com o lado esquerdo do cérebro, somos movidos por julgamentos e conceitos, o que ouvimos terá o crivo do ego, o que nos dará entendimento, entretanto se estivermos ouvindo movidos pelo hemisfério direito do cérebro, o que estamos ouvindo estará passando pelo crivo da consciência e da unidade, nos fornecendo outro entendimento.

Vamos falar um pouco sobre os hemisférios cerebrais e suas principais características para que possamos entender o exercício básico para a transmutação desse sentido.

Com base na neurociência, o nosso hemisfério esquerdo pode ser considerado como a morada do ego, onde o que ele mais faz bem é julgar, dividir, conceituar; o ter é o mais importante; o outro sempre será um competidor; o medo e temor do futuro vivem aí. Claro que esse hemisfério é muito importante, pois ele é quem nos alerta, todavia ele deve permanecer com a função dele, de ser o copiloto do nosso carro, nunca o motorista!

Em contrapartida, o hemisfério direito é o ser, a unidade, o colaborar; o outro sempre é visto como nosso companheiro de viagem. Quando estamos morando aqui, nós é que controlamos a nossa vida, portanto, precisamos reaprender a viver no hemisfério direito do cérebro, e com isso fazer uma dança da vida com equilíbrio.

Imaginemos agora um teatro cheio de pessoas prontas para assistir a uma palestra, e entre elas está você. Inicia-se a palestra cujo tema é vida; a pessoa começa a falar sobre vida. O que acontece imediatamente com a mente de quem ouve? Na maioria das vezes, começa a elaborar conceitos de certo ou errado, de elaborar possíveis perguntas, que muitas vezes não são para um verdadeiro esclarecimento, mas sim para expor o que ela pensa, e, enquanto a palestra acontece milhões de opiniões e conceitos vão surgindo na mente de todos, onde certamente a comparação e a divisão são ferramentas para julgar bom ou ruim.

É hora do intervalo, um café e o início de uma conversa, nesse momento o cérebro começa novo trabalho, em que um fala e o outro aparentemente ouve, porém, o que está acontecendo é que a mente já está formulando o que vai falar, pois é necessário falar alguma coisa, se colocar, isso é importante. Dessa forma, raramente as pessoas se escutam, pois o que elas precisam é falar, expor opiniões, achismos, conceitos, julgamentos e comparações.

É hora de voltar ao teatro, onde a palestra será reiniciada. Passados 30 min, é aberto um momento para perguntas, nossa, é hora da festa, pois todos precisam expor o seu hemisfério esquerdo, o ego está no comando, e com isso começa um grande debate de opiniões.

E assim termina a palestra cujo tema era vida.

Terminada a palestra, algumas pessoas vão para casa, outras continuam por ali, e tudo termina, ocasião em que coisas entraram no nosso corpo pelo sentido do ouvido, muitas coisas boas que nos alegraram e elevaram o nosso desenvolvimento intelectual, outras irrelevantes, e outras que nos trouxeram emoções de competição, de julgamentos, de separação, podendo chegar à raiva, ira, tristeza, e muito mais. Tudo isso pode acontecer em segundos, e o pior é que permitimos que essas coisas aconteçam, e com isso trazemos para nosso interior venenos que se não transmutados se transformarão em enfermidades, inevitavelmente.

– Sentido da Audição –

Ao considerarmos a cena acima descrita para um momento de família, uma reunião de negócio onde somos o líder, ou pelo menos pensamos que somos, uma conversa de um pai ou uma mãe com os filhos, pode ser que as coisas ainda fiquem piores, e certamente ficarão, se o falar não estiver sobre o domínio de quem fala. Se assim for, trará para os ouvidos do outro algo que o outro recebe, aceita e se contamina, pois também não passou pelo processo da transmutação, logo, não soube escolher, e assim a vida vai acontecendo.

Ao observarmos os personagens Marcos, Sofia e João, podemos diagnosticar que em vários momentos essa contaminação aconteceu, transformando-se em doença da alma, que tempos à frente se alojaram no corpo, como doença física. É exatamente isso que acontece com todos os que vivem sob o domínio do ego.

Novamente, devemos informar que aqui o Princípio da Unidade deve ser trazido para a vida de todos os que estão passando por esse processo, dessa maneira é possível vencer a dualidade e por conseguinte a competição, então, o ego é controlado, e somente a consciência comanda.

Agora vamos nos aprofundar um pouco mais sobre o que ouvimos. Através das músicas ouvimos, através do que lemos ouvimos, através do que vemos na televisão ou em qualquer outro meio de comunicação ouvimos, e muitas vezes não escutamos nada, e o pior, começamos a cantar, a repetir coisas, e dessa forma alguns sentimentos vão brotando em nós sem ao menos sabermos de onde vieram.

Certa vez, estava escutando uma música que tocava no carro, e observei que um sentimento muito ruim veio em meu coração, e fiquei observando o que aquilo trazia de verdade ao corpo humano, então, percebi que a letra era formada por dor, perdas, medos e muito mais que isso, essa música dava ênfase a uma dor movida por vingança. Realmente, percebi que era algo muito terrível o que aquela música trazia de mensagem oculta, então quando fiz esse comentário ouvi que se tratava de uma música muito famosa e considerada por muitos como algo de muito valor, e que o sentimento que ela expressava era o de melancolia, foi então que percebi o quanto ninguém percebe o que de fato acontece quando se permite ser levado por conceitos que alguém um dia disse ser bom, e isso acaba sendo repetido como verdade, isso é realmente muito perigoso!

Por meio desse sentido, muitos estão se comportando feito zumbis, que não mais possuem a capacidade de escolher o que quer convidar para morar dentro de si, dançam como estranhas criaturas, se comportam como seres bestiais, se alegram como bobos da corte, se enfeitam como árvores de natal, copiam ideias, repetem movimentos e falas, e assim acreditam ser livres.

Nos tempos atuais onde quer que entremos tem algo tocando, seja em uma loja, no supermercado, nas calçadas, onde os sons se misturam com tudo o que sai das lojas, enfim em todo lugar hoje estamos ouvindo algo, e geralmente é algo muito ruim.

As estatísticas mostram um aumento de agressão contra mulheres, em contrapartida a quantidade de músicas cantadas por homens e mulheres falando de um sexo bestial em que as mulheres são ridicularizadas o tempo todo, em que a essência doce feminina se perdeu em algum caminho, como se não bastasse, o pior nessa tela é que as próprias mulheres cantam e dançam acreditando que são poderosas assim. Isso transmite claramente a ausência de escutar, todos ouvem, porém repetem sem escutar e assim não percebem o que acontece quando se escuta tais coisas.

Alerta máximo nesse momento, pois estamos falando de um sentido poderosíssimo, que se não utilizado de forma a engrandecer o corpo, certamente terá uma propriedade contrária se mal utilizado, podendo trazer doenças autodestrutivas que levarão as pessoas à morte, mesmo estando vivas.

Se pudéssemos fazer uma interligação entre os sentidos conhecidos na matéria poderíamos dizer que o paladar está para fala assim como o ouvir está para o pensar. Avançando um pouco mais, o olfato está para o prazer assim como o tato está para o corpo. E a visão, sem dúvidas esse sentido, está para tudo, para o falar, para o pensar, para o prazer e para o corpo, sim, a visão está ligada a todos, dando ênfase a tudo que

– Sentido da Audição –

é percebido e sentido, portanto esse sentido deve ser muito mais temido e amado, dependendo da forma com que nos relacionamos com ele, todavia, esse tema será aprofundado mais à frente.

O exercício sugerido para que consigam dominar, conhecer e adequadamente viver utilizando ao máximo o sentido do ouvir em seu benefício, será seguir, necessariamente, os seguintes passos:

Precisamos novamente deixar claro que mesmo diante do que foi relatado acima, não estamos sugerindo que parem com isso ou aquilo, estamos falando que iniciem o processo de desenvolver sua percepção por parte do sentido do ouvir, dessa forma poderão escolher o que estará entrando dentro do seu corpo por esse sentido, porém a escolha sempre será da pessoa que está passando pelo processo de transmutação; o certo e errado aqui serão trocados por paz e desarmonia, constância e inconstância, e isso sempre dependerá das escolhas feitas.

Utilizando o caderno para os exercícios sugeridos, solicitamos inicialmente que quando estiverem em um encontro em família, em uma reunião de negócios, ou mesmo em uma conversa com um amigo, comecem a observar a velocidade em que sua mente começa a julgar, a programar o que responder, nessa hora inicie um exercício de parafrasear o que está ouvindo, desenvolvendo uma escuta atenta, somente depois desse trabalho observará se tem realmente alguma coisa que diga que possa alegrar o outro e a você mesmo, se realmente o que irá falar é fruto do objetivo de unidade, caso contrário não fale. Quando iniciar esse processo verificará que na maioria das vezes o que falaria não faria a mínima falta.

Durante uma semana descreva no caderno os fatos que aconteceram, a forma que desenvolveu esse exercício e o que observou.

O segundo passo para essa transmutação é muito importante, pois terá uma função clássica, a de fazer o caminho de volta, o caminho onde o escutar se apropria do ouvir, fazendo um processo seletivo natural de cada indivíduo, para tanto, solicitamos que escolham três músicas que sempre cantaram e adoram, e outras três que não gostam muito, mas que se pegam cantando, às vezes, e três que detestam. Caso não gostem de música, podem escolher um texto ou uma poesia.

Escrevam a letra de cada música, texto ou poesia escolhida, e leiam sem emoção, simplesmente leiam e observem o que sentem, qual a reação do corpo, o que essa reação envia de mensagem, e ao lado relatem o estado que observaram ficar, se agradou, ou não, e por quê?

Depois coloquem a música para tocar, porém dessa vez estarão escutando, não mais ouvindo. Mesmo tendo uma melodia maravilhosa, o que vai realçar agora será o que está sendo dito, e aí sim vocês começarão o processo de selecionar o que querem permitir entrar dentro do seu corpo ou não.

Atenção, quando a música for em outro idioma, aconselho verificar o que a letra diz, caso contrário será muito fácil mantê-los controlados e completamente dominados. Parece óbvio que caso não se entenda o que estão repetindo não é possível escolher se realmente concordam com o tema, e se assim acontece nunca poderão escolher o que estará entrando pelo sentido do ouvir.

De outro modo, se não estiverem interessados em se conhecer, não precisa fazer esse exercício ou outro qualquer, continuem a ler ou doem este livro para alguém, porém se de fato desejarem ser livres, então façam os exercícios e se surpreendam com o processo da Alquimia da Transmutação.

CAPÍTULO VII

O sentido do Olfato

Como falamos no capítulo anterior, o sentido do olfato está muito ligado ao prazer, e também está ligado a lembranças que nos remetem ao passado, seja ele positivo ou negativo. Contudo, qual seria o conceito do sentido do olfato aos olhos da ciência atual, não muda nada aos descritos acima, a única coisa diferente e óbvia é o órgão, que se trata do nariz, que também faz parte de um conjunto de receptores externos, que transformam esses estímulos sensoriais em impulsos nervosos, fornecendo sensações, nesse caso de cheiros. Será que realmente esse sentido se limita a só isso?

A maioria dos animais utilizam desse sentido para se localizar, para encontrar alimento, para se defender de possíveis ameaças, para se reproduzir, para se manter vivos. Logo, este sentido está ligado ao estado primitivo da sobrevivência, contudo, os seres humanos não o utilizam hoje em toda sua profundidade e intensidade, isso porque esqueceram o quanto perceber através do olfato é muito mais do que sentir o cheiro de um perfume ou de algo com "mau cheiro".

Quantos conseguiriam encontrar um caminho com os olhos tapados somente utilizando o olfato, talvez ninguém, ou quem sabe alguém que é cego, e que tenha desenvolvido melhor esse sentido, visto que lhe falta o sentido da visão.

Bem, diante dessa possibilidade iniciamos o processo de compreender o que acontece com os sentidos quando um é considerado mais importante do que o outro, e assim o menos importante acaba sendo menos utilizado, e com isso as limitações começam a aparecer de forma

– Alquimia da Transmutação –

inconsciente, em que novamente através de uma escala de julgamento elegemos o melhor e o pior e, dessa maneira, nos colocamos na vida.

Se pudéssemos sentir todos os cheiros de forma a diferenciá-los, conseguiríamos perceber quando estamos em perigo, quando estamos lidando com mentiras, quando tem alguma coisa queimando a distância, quando a chuva está chegando, qual a melhor direção para determinado lugar, e assim não precisaríamos de GPS, enfim poderíamos com facilidade prever algumas coisas e talvez evitar outras, porém mesmo assim, o olfato não é por vezes considerado tão importante como, por exemplo, a visão.

Com relação ao prazer, observamos que o cheiro do parceiro pode fazer com que a corte seja aceita ou rejeitada, pois através desse sentido é possível saber se aquele ou aquela é seu par ideal, bem isso os animais fazem de forma muito natural e inteligente, porém o ser humano desaprendeu a escolher pelo olfato, até porque são tantos os perfumes que nem sabemos qual o cheiro da pessoa amada, e, às vezes, o outro não quer nem sentir, porque o conceito diz que o cheiro natural é "mau cheiro".

O perfume das flores, dos frutos, da semente, da Terra, de tudo em uma floresta, certamente é tão cheio de vida, é tão rico que se sentíssemos com toda sua intensidade nos sentiríamos mais integrados a ela, e quem sabe teríamos mais respeito em preservá-la, nem que fosse pelo perfume.

Que bom seria se pudéssemos através do olfato perceber o quanto a fala do outro está com o perfume do amor, e assim com os sentidos interligados, o ouvir iniciar a escutar, e quando o falar você exprimisse tudo o que de fato estivesse sentindo, expressaria com a doçura do que foi percebido com o cheiro do amor. Ou em contrapartida, se tivéssemos a consciência através do olfato de uma fala mentirosa, em que o verdadeiro motivo da conversa fosse o quanto o outro poderia tirar proveito de alguma coisa, com certeza o nosso falar seria muito mais assertivo, funcionando verdadeiramente como nossa fonte de proteção.

Todos estão tão acostumados com os perfumes feitos pelo homem, que muitas das vezes os cheiros naturais passam como "mau cheiro", onde os perfumes mais sutis não são percebidos.

– O sentido do Olfato –

Quantos já sentiram um cheiro que os forneceram uma enorme sensação de paz, de felicidade? Quantos já se depararam em perceber um cheiro que era familiar, porém não identificaram de onde? Quantos já sentiram um cheiro que os deixou enjoados? Enfim, por meio do olfato o nosso corpo nos fornece sensações variadas, que podem ser físicas ou somente da alma. Sem considerar conceitos como os que explicam essas lembranças sendo lembranças de outras vidas, ou lembranças da infância que remetem a um momento bom ou a um momento muito ruim, o que nos interessa para a transmutação desse sentido, em um sentido intenso e real, não tem a ver com o motivo dessas sensações ou sentimentos, mas sim o quanto ainda existem limitações para utilizar esse sentido com a intensidade real que nos leve a aproveitar tudo o que ele e a interligação deste com os outros sentidos pode fazer para nos ajudar a viver com sabedoria e na direção da nossa sobrevivência como uma unidade.

O exercício que proponho é aparentemente muito simples, mas ele só poderá ser realizado se todos os exercícios acima tiverem sido realizados devidamente com as observações sendo descritas no caderno de realizações, isto porque nesse momento iniciamos o processo de interligar os sentidos já transmutados aos que estão iniciando nesse processo.

Se você ainda não realizou os exercícios e técnicas acima, e ou ainda não conseguiu perceber as reais transformações no seu ouvir, nas suas escolhas de alimentação, no seu falar, e principalmente no seu coração, livre da mágoa, pois o mesmo agora deveria estar sobre o sentido único do amor e do perdão, sugiro que retome o exercício que por algum motivo ainda não executou, parando pelo meio do caminho, somente depois retome ao sentido do olfato.

Para todos os que já estão experimentando a Alquimia da Transmutação no coração, e aí estamos falando da alma, no pensar, no falar e no ouvir, e que desta forma já possuem evidências na vida das transformações alcançadas, iniciem agora o próximo exercício.

Com o caderno de realizações na mão, comecem a ler o que foi escrito no momento em que estavam liberando o perdão, liberando seus corações para a vida, e busquem dentro do cheiro de alguma planta, flor ou tempero algo que vocês percebam que intensifica esse sentimento de paz apreendido após ter elevado seu ser ao sagrado. Anotem ao lado qual foi o cheiro, saibam que este perfume será a sua ferramenta para iniciar a interligação entre os sentidos, e sempre que precisar recorram a ele para se conectar novamente com o perdão.

Igualmente, comecem a ler as anotações quanto ao sentido do paladar e do falar, e vejam quais dos cheiros fazem vocês perceberem paz, tranquilidade, escolham e escrevam ao lado; e saibam que este perfume será seu auxiliador no momento em que precisar fixar-se no amor ao próximo, e no amor ao seu corpo. Esse perfume sempre remeterá vocês a pergunta: Que escolha eu posso fazer de melhor para mim mesma e para os outros?

Esse exercício se repetirá em todos os sentidos até aqui transmutado, tanto quanto deverá ser feito quando os demais exercícios dos outros sentidos forem executados.

CAPÍTULO VIII

O sentido do Tato

O sentido do tato é o sentido que está mais próximo da matéria, pois está ligado intimamente ao próprio corpo e ao corpo do outro. Poderíamos citar algumas formas de expressão que facilmente mostram a relação entre o tato e o corpo, tais quais: "Essa pessoa é bem legal, mas não adianta a pele não bateu!"? "Aquele eu gosto mais, ele tem uma pegada que me agrada!". Podemos aqui incluir o próprio beijo, se romântico, podemos ouvir, ele ou ela beija bem ou mal, porém cada um terá a sua própria impressão, pois o sentir do toque é diferente para cada pessoa.

O tato nos remete ao julgamento muito rápido, por exemplo se tamparmos os olhos e iniciarmos um processo de adivinhar coisas que nos colocam na mão, inicialmente teremos um certo receio do que vamos tocar, então, de repente sentimos algo peludo, a mente diz é uma aranha, e imediatamente as mãos se afastam acompanhadas de um grito, onde é dito: isso é peludo, é uma aranha caranguejeira. Observem que não apenas determinamos ser uma aranha como sua espécie, porém não era nada disso, era tão somente um boneco pequeno peludo, e o que pedia o exercício era somente que a pessoa dissesse que era peludo e que a sensação era agradável ou não!

Observem que neste caso o sentido do tato está completamente desconectado dos outros sentidos materiais, por esse motivo ele exagera e leva pânico por nada. De igual maneira esse mesmo sentido, quando não conectado com os sentidos materiais e aí tão pouco estará conectado com os sentidos espirituais, consegue somente em tocar alguém criar ilusões gigantescas em que muitas poderão chegar à execução, o que é muitas vezes muito perigoso para o autor ou mesmo para quem recebe. Vamos exemplificar o que estamos falando.

Todos estão em uma festa onde várias pessoas que não se conhecem iniciam um processo de aproximação. Nesse momento uma mulher é chamada para dançar com um homem, ele imediatamente ao tocá-la já iniciou um processo de imaginar diversas possibilidades, pois através do tato seu instinto sexual foi ativado, isso também é uma característica muito ativa deste sentido, uma vez que ativa o sentido sexual. Se este sentido não estiver interligado com o ouvir atentamente, pode fazer com que a pessoa fale coisas que a coloque em um patamar de ridículo, pois aquela mulher sequer se agradou de seu cheiro.

Vale ressaltar que no caso de ser uma mulher que se apaixone ao toque as coisas podem ainda ficar piores, pois seguramente essa mulher terá facilidade maior em acreditar nas histórias de ilusão que ela criou em relação ao homem que ela tocou, pois a sociedade naturalmente menti o tempo todo, e a mente acata essas mentiras, fazendo com que o ser acredite e viva, e nesse caso existe uma história de príncipe encantado, alma gêmea, metade da laranja, que estimula as mulheres ainda mais.

Se os sentidos estivessem interligados e transmutados, imediatamente quando o sentido do toque nos trouxesse uma informação agradável, até mesmo estonteante, o sentido do ouvir perceberia o que o corpo estivesse falando, e junto com o sentido do olfato perceberia de onde estaria vindo o prazer, se de algo real ou imaginário, e ainda mais, o pensar equilibrado nos traria a clareza de notar que, se quero um príncipe, primeiramente preciso ser uma princesa, e que não existe a outra metade, porque para encontrarmos alguém e sermos par desta pessoa, precisamos estar inteira conosco, e o outro igualmente. Desta forma, não são duas metades que se unem, mas sim dois inteiros que se somam e aí multiplicam por dois o que antes era um. Obviamente, diante de tanto equilíbrio e clareza as minhas respostas ao falar expressam tanto assertividade que pode até ser que aconteça o amor, porém sobre um pilar de transparência e paz.

– O sentido do Tato –

Pegando o sentido do tato e levando-o para o grau de um excelente médico, podemos dizer que se bem desenvolvido seria o melhor médico do nosso corpo, pois de uma maneira genuína nos informaria detalhes sobre o nosso corpo, e todos conseguiriam fazer a leitura do que o corpo estivesse dizendo, e desta forma o médico conseguiria inclusive antecipar diagnóstico de enfermidades podendo curá-las mais rapidamente.

Olhemos os animais, eles são capazes de perceber com clareza o que o corpo fala. A vaca sabe que está grávida imediatamente após a concepção; algumas mulheres afirmam que também. A essa capacidade podemos dizer que é intuição, sim, elas podem, no entanto, é um pouco mais que isso, é a percepção do tato interno entre os órgãos, ou acaso acreditam que quando estamos falando de tato, somente é possível representá-lo relacionando-o com a pele externa, mãos, pés etc. Não, existe sensibilidade deste sentido em nosso interior também, contudo os seres humanos não possuem ainda a capacidade de se perceber internamente. Em um planeta chamado Terra, as coisas funcionam como se tudo estivesse dividido, afinal, o princípio da dualidade é o que ainda comanda esse lugar, então os indivíduos que aqui vivem ainda acreditam que são a parte externa do que veem, e dela podem cuidar, colocando uma roupa bonita, fazendo as unhas, a barba, enfim, e que a parte interna somente um médico pode cuidar, então, esperamos ter dor para descobrir o que temos através de outro, pois desaprendemos a reconhecer o tato do nosso corpo interno, ou como queiram, a voz do corpo.

Posso afirmar que o corpo, e me refiro ao corpo por dentro, onde temos os órgãos, as células etc., possui uma intercomunicação perfeita, e essa comunicação é feita com todo o corpo de dentro para fora e de fora para dentro, isso acontece a todo o instante desde que aqui chegamos.

A queda das reais propriedades dos sentidos materiais ocasionaram a desconexão entre eles, e a quebra absoluta com os sentidos espirituais, desta forma o ser humano vivencia uma vida em meio à escravidão do desconhecido e da falta de escolhas, do desespero e das enfermidades. Garanto que não existe outro caminho, senão o de se ver como um todo com todos, pois essa teia de energia une a todos por fora e por dentro. E se olharmos um corpo humano observaremos que todos os órgãos internos, desde o menor deles, estão ligados entre si, por dentro e por fora.

Este conhecimento oculto e tão óbvio sumiu do mental humano, pois se estivesse em total atuação certamente tudo em seu próprio corpo seria absolutamente controlado e conhecido por seu dono, e dessa forma o corpo sobre o comando do seu mestre seria regido somente por ele, assim como acontece quando sentimos vontade de ir ao banheiro. Isso todos ainda conseguem perceber, porém quando uma célula se entristece e adoece se transformando em uma célula destrutiva das outras, o que chamam de câncer, isso não é percebido, pois se assim fosse traríamos a alegria e o equilíbrio necessários para que essa célula não iniciasse o processo de querer ir embora, ou morrer, pois se assim fosse, aos poucos, mais e mais células desistiriam de viver, e por conseguinte o câncer se alastraria e mataria o dono do corpo que em algum momento até pode ter pensado nisso, porém depois o que mais ele queria era viver, e aí não teria mais tempo.

O sentido do tato, se totalmente desenvolvido e interligado com todos os outros, tem a propriedade de perceber quando algo não normal nos encontra seja por dentro ou por fora, e dessa maneira consegue falar através do corpo com seu dono, dando a ele toda informação que precisa para se cuidar e crescer.

Ilustrando ainda mais, quem nunca sentiu um arrepio ao tocar em alguma coisa, ou ser tocada por algo? Quem nunca percebeu algo estranho no corpo quando alguém por exemplo começa a relatar um acidente ou uma cirurgia? Quem já percebeu algo estranho no corpo ao entrar em algum lugar, ao ponto de arrepiar, sentir medo e querer imediatamente sair dali?

Bem, sem nos preocuparmos em explicações do que pode ser isso, a nossa intenção aqui é esclarecer quanto ao sentido do tato, então, percebam que algo externo que nos toca seja de fato ou por simples energia é facilmente percebido, porém quando internamente algo nos

– O sentido do Tato –

toca, somente conseguimos perceber quando o que acontece é uma dor emocional, seja amor, raiva, tristeza, alegria, saudade. Contudo, muitas das vezes nos confundimos com o que o corpo está falando.

Imaginemos se pudéssemos sentir quando algo que não pertence ao nosso corpo o invadisse, como vírus e bactérias, óbvio que rapidamente saberíamos o que fazer para detê-los, e não ser refém de intrusos em nosso corpo. Entretanto, sem sermos donos e líderes de nós mesmos será impossível interligar, transmutar e desenvolver o Elixir da Vida Eterna com o Sagrado. Esse conhecimento oculto só é revelado inteiramente a todos os que verdadeiramente conseguem ser o melhor de si mesmo para os outros e para si.

Hoje a frase: "Tudo o que acontece no micro se repete no macro e ao contrário também" significa afirmar que o ser humano está desconectado do Universo e de seus sentidos universais; é como os órgãos internos de um corpo humano que não mais se comunicam com o externo, avisando-o dos perigos, produzindo assim o Elixir da Vida Eterna com o sagrado.

Com base nesse conhecimento oculto agora revelado em parte, começamos a compreender o que o princípio da unidade está realmente falando, não é simplesmente uma unidade externa com o outro igual a você, não é uma unidade externa com os animais e outros seres que habitam a Terra. Não estamos falando de uma unidade entre tudo o que está interno e externo do corpo humano e se seus afins, do planeta, no Universo e de todos os Universos conhecidos hoje ou não, uma vez que somos todos pertencentes a uma teia de energia conectada de dentro para fora, e de fora para dentro o tempo todo em tudo, isso é unidade, isso é o oposto da dualidade – esse é o caminho de novo aprendizado, esse é o caminho da Alquimia da Transmutação, em que tudo em todos transmutará e entrará no equilíbrio da mesma corda que hoje organiza esse planeta Terra, a corda comandada pelo amor e pelo perdão.

Se estamos falando do sentido do tato, e aprofundando sua aplicabilidade e seus verdadeiros motivos para existirem, começamos a retirar dos olhos alguns véus que não nos faziam enxergar a responsabilidade individual de adoecer tanto fisicamente quanto emocionalmente; tudo o que passamos acontece porque convidamos. O grande empasse no momento é que os seres humanos vivem convidando coisas, pessoas, substâncias, energias que não conhecem para dentro do seu corpo, e para piorar não sabem como retirá-las adequadamente, e assim vão levando o que eles chamam de vida.

Com o sentido do tato desconectado dos outros sentidos e completamente limitado, todos os humanos estão doando o que pensam ter e aguardando receber o que outros não possuem, e desta forma inicia-se um processo desesperado em receber, seja carinho, amor, perdão, dinheiro, recompensas, elogios, e quando isso não acontece, inicia-se outro processo em que as emoções são percebidas dentro do corpo com o toque da raiva, da inveja, da desesperança. Enfim, o que acontece com esse organismo internamente é uma verdadeira loucura, um desequilíbrio a todo instante, como se todos estivessem andando em uma montanha russa o tempo todo.

Vocês devem estar se perguntando: Mas, o que isso tem a ver com o sentido do tato? Como dissemos acima, o sentido do tato está relacionado ao corpo e tudo o que toca o corpo, tanto internamente quanto externamente, seja no sentido da matéria ou no sentido da emoção, todas essas formas que tocam o corpo material ou a alma do ser humano estão relacionadas ao sentido do tato.

Vamos agora resumir quais e como o sentido do tato pode ser representado, onde esse sentido deveria ser presente e atuante em nós, e o quanto a ausência da profundidade desse sentido nos traz prejuízo enquanto ser humano.

Sentido do tato simplificado:

E lá vamos nós novamente, conforme já descrito acima quanto ao conceito dos sentidos. O tato não muda, o seu órgão receptor é a pele, que recebe estímulos sensoriais que se transformam em impulsos nervosos, que depois viram sensações, nesse caso de quente, frio. Esse sentido está

– O sentido do Tato –

relacionado com tudo o que podemos sentir através da nossa pele, nossa mão, isso quer dizer perceber e reparar sensações e reconhecer coisas.

Bem, esse é um conceito básico, mas será mesmo que esse sentido foi criado somente para isto?

Quando o sentido do tato passa pelo processo da Alquimia de Transmutação e seus valores são agregados junto à Pedra filosofal de cada um, ele se expande e consegue chegar a toda plenitude da sua criação, onde suas funções estão muito além das descritas acima.

O sentido do tato, quando desenvolvido em todo seu esplendor, se expande em todo o corpo interno e externo. Então, a fala do corpo com seu dono fica muito clara, pois tudo é percebido pelo toque, qualquer coisa que toque o corpo, seja interno ou externo é sentido, percebido, e imediatamente reações de proteção são disparadas para que tudo esteja em ordem, essa é a principal função desse sentido.

Poderíamos dizer que isso já acontece através das nossas defesas naturais, através dos nossos guardiões que defendem o corpo biologicamente, os anticorpos, e para isso precisamos estar com a nossa imunidade alta, não é isso que todos aprendem? Sim, isso realmente acontece, porém de uma maneira muito mais bela e harmônica, muita mais complexa do que a ciência até agora logrou conceituar, isso porque para a ciência alcançar a essência de tudo precisaria iniciar o processo de enxergar, desse modo acredito que quem sabe conseguiriam chegar perto da possibilidade de Produzirem em si o Elixir da Vida Eterna.

Entendido agora a intensidade desse sentido, e o quanto estão perdendo em não desenvolvê-lo sugerimos o exercício para expandir esse sentido.

Inicialmente, solicitamos que iniciem o processo de reconhecimento do próprio corpo, utilizando o tato externo para reconhecer as partes externas, juntamente com as partes internas. Caso não sejam conhecedores das posições dos órgãos, do corpo humano, solicitamos que pesquisem, visualizem quem são por dentro, onde está cada órgão, quais as suas funções, e consigam uma foto do corpo humano por fora e por dentro, somente após poderão iniciar esse exercício. Afinal, tudo o que estamos falando até agora é algo que está dentro e fora de todos, logo, todos deveriam saber o que tem dentro e onde se localiza, para a partir daí começar a desenvolver a capacidade de fazer a leitura através do tato de todo o seu corpo.

Após ter estudado sobre o seu corpo humano, que é igual ao do seu próximo, a princípio, coloquem o desenho do corpo humano por dentro e outro por fora, fixados em um local onde ao iniciar esse processo consigam se guiar por ele, até que tudo esteja devidamente guardado em suas mentes.

Dando sequência ao exercício, iniciem se tocando pela cabeça sentindo e visualizando tudo o que por fora, que pode ver com a visão material, e visualizem o que também estão tocando com a visão do conhecimento, ou seja, com o auxílio da foto conseguirão saber de que lado está o que e o que estão tocando, e assim visualizar com o conhecimento.

Façam isso em todo o seu corpo, isso é um reconhecimento do que têm e uma apresentação de quem são. Dessa forma, estarão buscando uma reconexão com todos os sentidos. Lembramos que esse exercício não tem por objetivo trazer nenhum sentido místico, ao contrário, o que estamos propondo é que através de alguns conhecimentos ocultos, agora revelados, todos possam realizar e perceber uma frase deixada por um dos maiores Mestres que já viveu na Terra – Mestre Jesus: "E conheceres a verdade e a verdade vos libertará".

É claro que a verdade não se encerra em um ou outro dado, ao contrário, a união de todas as informações que fornecem conhecimentos que levem à harmonia, à paz, à cura, ao entendimento e à sabedoria são libertadores, por isso o conjunto de tudo o que aprendemos durante essa trajetória chamada vida, se com eles adquirimos sabedoria, foram libertadores.

Esse exercício deverá ser feito uma vez ao mês, e ou quando percebermos alguma alteração em nosso corpo, como a ida ao médico para prevenção, assim será até que o processo tenha terminado. E, então, sem precisar parar para se observar e compreender as mensagens do corpo, essas possam acontecer automaticamente. Sugerimos que tudo seja anotado no caderno de realizações com data, hora e todas as observações necessárias, caso precisem utilizá-las.

A união de todos os sentidos transmutados trará vida à Pedra Filosofal Individual, ascendendo dessa forma a possibilidade do ser humano de avançar e desenvolver os sentidos espirituais mais específicos, visto que todos os sentidos materiais já estão dentro da Pedra Filosofal de forma viva.

CAPÍTULO IX

O Sentido da Visão

De todos os sentidos esse, sem dúvida nenhuma, é um dos mais valorizados entre os seres humanos, e nesse caso esclarecemos que através desse sentido todos os outros são fortalecidos ou enfraquecidos, tudo vai depender do ser humano que o utiliza.

Segundo a ciência, também este sentido segue os outros, mudando o órgão para os olhos, onde o mesmo recebe estímulos sensoriais externos, que se transformam em impulsos nervosos que se traduzem em sensações de claro, escuro e de cores.

Se ouvimos e não escutamos, desperdiçamos o momento presente, e simplesmente deixamos de aprender e por conseguinte nunca damos a melhor resposta.

Com o sentido da visão não é diferente, se somente olhamos deixamos de verdadeiramente enxergar, o que limita esse sentido, dessa forma todas as conclusões e observações feitas a partir desse sentido são irrelevantes, pois não existirá nenhuma profundidade de aprendizado, e de igual maneira o presente foi desperdiçado e não haverá a melhor resposta para o que se apresenta como aprendizado.

Podemos dizer que o estabilizador nesse processo é o quanto o indivíduo está sendo guiado pelo ego, ou pela consciência, pois nesse sentido a dualidade impera com muita força, dividindo tudo o que olha e não enxerga. Tudo o que é visto com os olhos, passa imediatamente sobre o crivo do ego em forma de julgamento, ou seja, tudo é feio ou belo, tudo é bom ou ruim, tudo é conveniente ou não.

O olhar é um incentivador do desenvolvimento ativo do ego, por conseguinte o enxergar executa um trabalho mais profundo, pois quando enxergamos fazemos o processo de refletir, de colaborar, de unir, logo, o que estamos enxergando está além do que estamos vendo. Ver é perceber o outro como um outro, e isso é muito pouco, é vazio, enquanto enxergar é perceber o outro como nós mesmos, é perceber que tudo o que acontece e chega ao nosso encontro está esperando que de nós saia a melhor resposta.

Considerando que tudo o que chega em nossas vidas, seja bom ou ruim, somos nós que convidamos, quando o sentido da visão está interligado com os outros sentidos da matéria, ele nos informa exatamente o caminho para darmos a melhor resposta. Por outro lado, quando somente o que sabemos fazer com esse sentido é ver, corremos o risco de nos vermos enquanto vítima de uma situação cujo autor dela somos nós mesmos. Além disso, quando somente se vê, o outro geralmente é o culpado das nossas mazelas e infelicidades. Como dar a melhor resposta nesse caso, quando nunca temos responsabilidades sobre o que nos surge na vida?

Entender a profundidade do sentido da visão é entender a própria existência, é descobrir o seu ideal de vida, e utilizar de todos os sentidos com um único movimento, o de união, expressando sempre o amor e o perdão, caso contrário nunca conseguirão enxergar o que tudo significa.

Para exemplificar esse sentido, imaginemos agora uma reunião familiar em que todos se reuniram para comemorar um dia em que o Planeta chamado Terra se encontra permeado pelo senso comum da solidariedade e do amor – o Natal. Parece claro que estamos falando de um amor condicionado, de solidariedade movida pelo estado de compromisso social, a grande maioria das vezes, pois existe exceções, porém como já foi dito não estamos aqui propondo esse desenvolvimento para as exceções.

Bem, tudo está correndo muito bem, a família parece estar em harmonia, quando de repente alguém se aproxima de você para falar que sua tia muito querida levantou algo sobre seu caráter que te deixou

– O Sentido da Visão –

muito irritada. Nesse instante, a sua visão imediatamente a localiza e o processo de julgamento tem início antes mesmo de você saber dela o que aconteceu.

Observamos que por enquanto o que está atuando de forma muito superficial é o sentido do ouvir, o sentido do tato, unido ao sentido da visão, e quem está ainda no comando é o ego. Nesse momento, o ser tem alguns caminhos a seguir, contudo, o único caminho é a busca da consciência, em que o enxergar começa a agir, o pensar começa a comandar o corpo e movido pelo estado do amor universal você percebe que deve se aproximar para falar. Agora o ego deixa de estar no volante da vida, e o dono desse corpo toma conta do seu caminho, nesse caso ele está pronto para fazer uma escolha positiva.

Certamente se escolhido o caminho do amor tudo o que será dito trará a paz e a harmonia, caso contrário levará à guerra. Existem alguns termos muito utilizados junto às pessoas que vivem no Planeta Terra, termos esses que naturalmente quando pensados ou verbalizados levam o ego a crescer e a se posicionar no controle desse ser, são eles: "Isso não vai ficar assim! Vou tirar satisfação sobre isso agora mesmo, quem ele ou ela pensa que é? Eu não quero nem saber, comigo é dente por dente e olho por olho! Comigo faz uma vez só? Não tenho a mínima paciência com pessoas burras... mentirosas! Poderíamos continuar esse livro todo ilustrando-o com frases que demonstram claramente quem está no comando, se a consciência ou o ego.

Além disso, essas frases demonstram o quanto o ser humano que as utiliza não está escutando, enxergando, sentindo ou percebendo o quanto inúteis são essas colocações, pois na verdade o outro e eles são a mesma coisa, então, tudo o que está acontecendo aqui na verdade são negativas contra todos os envolvidos, e, principalmente contra quem as fala.

Como já foi abordado, o sentido da visão tem o poder de potencializar todos os outros sentidos de forma positiva, quando conseguimos enxergar tudo como uma unidade, e o poder de enfraquecer os outros sentidos, quando simplesmente vemos tudo dividido, de forma conceitual e dual. Assim sendo, passaremos o exercício para desenvolver esse sentido de forma a transmutá-lo, porém mais uma vez isso só será possível se todos os outros já tiverem passado pelo processo de transmutação.

Solicitamos que parem agora de ler e examinem o momento presente com o crivo dos outros exercícios e se coloquem, caso estejam prontos para iniciar o processo de transmutar o sentido da visão; se sentirem que precisam fortalecer outros sentidos, façam isso, somente após retornem a este ponto.

O exercício proposto nesse momento tem por principal alvo a conexão positiva de todos os sentidos com o sentido da visão, para tanto teremos de retomar os outros exercícios no presente e refazê-los igualzinho fizemos anteriormente, porém enxergando, trazendo para a consciência e anotar no caderno das realizações tudo o que agora conseguiram enxergar, e o que através desse processo conseguiram ouvir, sentir e o que perceberam que faltou ser dito.

Esse é o exercício em que tudo deve ser unido, todos os exercícios anteriores devem ser colocados sobre a mesa, ao mesmo tempo, e observarem o que ficou faltando no momento do exercício do Perdão, e assim fazer imediatamente. De igual maneira fazer com todos os outros.

Ao finalizar esses treinamentos todos os sentidos materiais estarão despertos, e por isso sua Pedra Filosofal terá retomado a vida, o brilho e o movimento, estando assim pronta para receber e dar vida em abundância ao dono desse corpo e a outros.

A ciência reconhece que o sistema sensorial é constituído pelos receptores sensoriais e pelos neurônios aferentes, e que possui partes do cérebro envolvidas nesse processo de informação, onde os sentidos são os meios através dos quais os seres vivos percebem e reconhecem outros organismos e as características do meio ambiente em que se encontram, em outras palavras, são as traduções do mundo físico para a mente. Os mais conhecidos receptores sensoriais hoje aprendidos são os cinco acima citados: a visão, o paladar, a audição, o tato e o olfato, porém mesmo a comunidade científica reconhece que os seres humanos possuem muitos outros. Considerando que ainda não existe acordo sobre a quantidade, além disso não existe uma definição muito sólida do que constitui um sentido, nada tem se acrescentado a esse estudo, logo, continuam valendo, para essa comunidade científica, os cinco sentidos que estamos até agora estudando.

Nos capítulos seguintes estarei amparando tudo até aqui dito, com um pouco mais de conhecimento, para que a transmutação seja fortalecida.

CAPÍTULO X

A história da humanidade – Uma Lenda ou poderia ser verdade!

Há muitos e muitos bilhões de anos, após uma grande explosão de um mental único e brilhante, tudo começou a acontecer.

Essa explosão se deu de modo similar a quando temos uma grande ideia e resolvemos colocá-la em ação, claro que esse exemplo não chega aos pés do que estamos aqui relatando, pois o que estamos falando é da criação do Planeta Terra, de tudo o que existe que sabemos e do que ainda não sabemos.

O que podemos entender com o início dessa história é que uma grande Mente Criadora desejou e criou, e ainda hoje comanda tudo com a maestria da perfeição!

Prometo não mais interromper essa história com analogias impossíveis de serem feitas, então a partir de agora começarei tão somente a escrever, e se algo acreditarem ter faltado, podem incluir, se acreditarem que exagerei, encarem como uma lenda, não tem problema, e para aqueles que gostarem e perceberem algo de verdadeiro e bom, aproveitem!

E assim tudo começou. Em lugar onde nada existia, a presença de algo muito leve como uma nuvem inundava e preenchia tudo, o silêncio e a paz pairavam sobre o que hoje chamamos de Terra.

Percebia-se que existia um Mental criativo gigantesco que tomava todo o planeta até então vazio. Dentro de um Universo enorme e já pronto a Via Láctea mostrava toda sua exuberância, e assim, esse mental fixou sua criação em todo o infinito, e de maneira sincronizada foi dando forma a tudo o que sua poderosa e ilimitada mente criava.

O processo de repetição, tal qual ocorre com os fraquitais, iniciou-se, pois tudo o que estava sendo criado, saia de dentro de outro já criado – um processo semelhante ao nascimento de um desenho, e depois de outro desenho dentro de outro, dentro de outro, e assim sucessivamente.

O grande Universo é o grande Pai, a galáxia, a grande Mãe, toda a projeção de energia de um foi dando origem a tudo, e toda a projeção de energia de outro também foi dando origem a tudo, e o encontro dessas duas energias foi também dando origem a tudo. Tudo se repetindo, se reproduzindo, multiplicando, amplificando, diminuindo e aumentando, abrindo e fechando, tudo acontecendo ao mesmo tempo em um turbilhão de cores, muitas cores brilhantes se misturavam, apareciam e desapareciam, tudo em conexão, e assim tudo foi tomando forma, tudo começou a existir, tudo em equilíbrio e harmonia, tudo programado, desejado e pensado, por essa grande mente Criadora que ninguém vê, porém suas obras, que funcionam com total perfeição até os nossos dias, são uma confirmação que existe algo por trás.

Essa criação tão sincronizada no mínimo nos leva a pensar que por trás de tamanha perfeição tem que haver alguém direcionando tudo isso, não estamos sugerindo uma personificação, logo podemos chamar de energia criadora.

A esse alguém podemos dar o nome de Deus, de energia, do Grande Espírito, de natureza, não importa. Na nossa história vamos dar o nome de Criador.

Em um instante, um segundo, nenhum tempo, tudo acontecendo no mesmo momento, como um ballet, todas as cores, sons, todos os movimentos, tudo se entrelaçando, surgindo, tomando formas, tudo e todos saindo do mesmo lugar, da mente desse Criador que tal qual um maestro orquestrou essa grande loucura de formas, movimentos, cores, velocidade, tudo afinado e harmônico.

– A história da humanidade - Uma Lenda ou poderia ser verdade! –

Cada filamento que inicia o processo da dança da vida tem um movimento, uma cor, uma continuação; desenhos inacreditáveis se formam a cada segundo, e esses se tornam outros mais complexos, que formam outros, e assim vão dando formas a tudo o que hoje vemos, tudo mesmo!

O início de Tudo deu-se por meio de um único filamento, que em um grande ballet se tornou tudo, e desse modo tudo surgiu para que todos pudessem ver, porém tudo o que hoje existe sempre foi visto por quem o criou enquanto essa criação ainda habitava o seu mental, o mental do Criador.

Nesse momento, o que vejo é uma paz infinita, onde tudo está como em câmera lenta se organizando e ocupando o seu lugar nesse novo mundo que acaba de surgir.

Para esse novo mundo deu-se a responsabilidade de criar e manter em harmonia tudo o que havia sido feito, e a esse novo mundo deu-se o direito de escolher onde e como todos viveriam; a esse mundo recém-nascido foi dado o direito de ser o berço acolhedor de todos e tudo o que aqui surgisse.

Muitas outras espécies e seres surgiriam e continuariam a surgir no futuro, pois vale dizer que o fantástico ballet de cores e movimentos que aconteceu no momento onde tudo foi criado continuava. Não obstante, em proporção menor às energias agregadoras e criadoras, continuavam sobre a face desse novo mundo, girando, dando formas a todo momento. A grande mente Criadora forneceu esse direito a esse novo mundo por ele criado, o direito de também, assim como ele, poder emanar a energia necessária para criar e transformar qualquer coisa ou forma que fosse necessária para manter esse mundo novo em ação, em movimento, vivo.

Todo o espaço de terra desse novo planeta possui algo semelhante a um código genético, que contém informações dessa mente criadora, e quando estamos falando de terra, estamos falando de toda Terra, inclusive a que se localiza debaixo dos oceanos, por baixo de cada rocha. Todo o elemento criado possui informações genéticas fornecidas pelo Criador, e tais informações se cruzam entre si como uma grande teia, onde o principal objetivo é manter vivo o desejo de quem verdadeiramente tudo criou.

Dessa maneira, para que esse novo mundo iniciasse sua caminhada de crescimento com autonomia, o grande criador designou aos pontos de energia, ou ponto de força, DNA diferenciados com determinações específicas e claras.

Cada ponto de força possui seu poder ilimitado com autonomia de agir para que tudo se mantenha da mesma forma em que foi criado. Todas as informações dos campos de força são trocadas o tempo todo, como uma grande teia invisível que cruza tudo. A terra mais profunda comunica-se com a terra mais superficial, que ao entrar em contado com a água, ocorre um intercruzamento e uma comunicação perfeita, e assim também ocorre quando o ar se movimenta entrando em contato com as rochas, com todo mineral, que se comunica com todo o reino vegetal, que penetra no calor, que se expande e se comunica com toda madeira, e assim sucessivamente o tempo todo.

Obviamente, todos esses elementos estão presentes em todo ser vivo que habita esse planeta, e este também está entrelaçado com o que está acima desse novo mundo, o DNA cristalinos das mais profundas estrelas.

Para simplificar, como uma grande raiz de árvore, essa teia invisível se espalha por todo esse novo mundo, mantendo viva toda criação.

Com o objetivo de manter equilibrada a obra espetacular que acabava de ser criada, o grande Criador designou forças afins aos DNA desse novo mundo, que desde a criação da grande Mãe e do grande Pai foram criadas, para que sustentassem esse novo mundo; essas energias e forças possuem autonomia de aprimorar, alterar, desativar o que for necessário para garantir a manutenção desta criação.

Vale ressaltar que todo ciclo de mudanças que ocorreu nesse novo mundo, tudo o que desapareceu com o tempo, toda modificação em qualquer coisa neste planeta, desde pequenas modificações genéticas, fortalecimento e mutação de vírus foi e sempre será orquestrado por essas energias sustentadoras, que foram designadas para manter esse novo mundo no eixo.

– A história da humanidade - Uma Lenda ou poderia ser verdade! –

Observo que não estamos sozinhos, aqui nesse planeta chamado Terra, temos moradores muito antigos, que não podemos ver com olhos humanos, mas que estão aqui desde o momento da criação desse planeta para assegurar sua manutenção e seu equilíbrio. Toda a natureza que hoje o homem acredita ter de proteger, na verdade, possui uma força imensurável, ela é um dos grandes comandantes dessa nossa Terra.

Todos os pontos de força e energia da Terra reunidos recebe aqui o nome de Natureza, onde a união de todos esses pontos de força forma os verdadeiros governantes da Terra.

Todos os ciclos que terminaram e iniciaram, aconteceram graças às ordens expressas dessa Natureza, seja por um dilúvio, pelo calor, por tremores de terra, por gelo, não importa. Tudo o que aqui acontece, é e sempre será por ordens dessa grande protetora e poderosa força, que há muito foi designada pelo criador para amparar esse planeta.

O ser humano e todo ser vivo que hoje ainda existe habitando esse lugar, de alguma maneira ainda possui uma conexão com esse criador e com essas energias que regem a Terra. Dessa forma se mantêm ainda vivendo por aqui. Então, a pergunta a que agora somos remetidos é: O que precisamos fazer para estarmos conectados a todas essas energias e assim conseguirmos permanecer vivos, podendo utilizar de toda a extensão de conhecimentos e sabedoria que a nós foi fornecido?

O processo de evolução do planeta depende do processo de evolução de tudo o que nele existe. Todas as espécies são submissas, se desenvolvem, se transformam, evoluem ou desaparecem à medida da necessidade e pronto. No caso do ser humano, a questão é um pouco diferente, visto possuir uma característica própria, o livre-arbítrio, o que evidencia a ele possibilidade de gerenciar esse planeta, o que tem acontecido de forma catastrófica.

A paralisação da humanidade enquanto essas responsabilidades têm sido evidenciadas com a destruição de tudo o que os homens tocam, buscando ridiculamente a fórmula para ser poderosos, infalíveis, imortais, donos de tudo, enfim, se compararmos, podemos dizer que a humanidade mesmo com toda evolução da tecnologia, em relação à evolução mental de fato, está parada na era medieval, e isto tem trazido letargia ao desenvolvimento mental da grande parte dos seres humanos.

Ligando os temas já expostos nos capítulos anteriores, podemos dizer que o principal inimigo e predador natural do ser humano nos tempos atuais é o ego, e seu habitat é dentro do próprio ser, ou seja, o ser humano abriga e alimenta o seu maior inimigo, transformando-se em marionete muito bem adestrada, tornando-se presa fácil, pois além de desconhecer este fato, acredita ser conhecedor absoluto de tudo, logo um verdadeiro deus, o que o transforma em dono absoluto de verdades inexistentes, que o cegam, mantendo-o sob o controle contínuo desse ego que o escraviza até a morte.

Com a humanidade buscando cada vez mais o conhecimento interior, de quebras de padrões mentais e treinamentos, inicia-se uma verdadeira possibilidade de alavancar um crescimento significativo, podendo quem sabe através da Alquimia da Transmutação colaborar para que esse momento de escravidão mental se encerre em todo aquele que se empenhar em romper com os padrões até então impostos para garantir que o povo não evolua.

O reconhecimento dos padrões mentais, além das técnicas para quebrar crenças são ferramentas importantíssimas para o desenvolvimento da inteligência emocional, pois fornecem a todos possibilidades de alterar o caminhar, podendo fazer com que cada pessoa inicie o processo verdadeiro de escolher os seus caminhos baseada somente no seu ideal de vida.

Assim, iniciará o verdadeiro despertar da humanidade, oportunidade em que sairá da Idade Média, podendo caminhar em conexão direta com o interior, sendo dessa forma conectada ao macrocriador automaticamente.

CAPÍTULO XII

Os 10 Estados de Vida

Há muitos anos um grande mestre forneceu uma informação que até hoje auxilia muito a humanidade. Essa informação de alguma forma tem a propriedade de desvendar alguns fatos escondidos, que quando conhecidos possuem a força de liberar as energias em prol de um crescimento.

Segundo o Mestre, nesse caso estamos falando do Mestre Buda, os seres humanos durante toda a sua vida oscilam entre os sete baixos estados de vida, e dificilmente conseguem atingir os três mais altos estados da vida, dessa forma passam a vida inteira buscando dentro de padrões baixos de energias e de vida algo que nunca encontrarão por lá.

Tomando por base este ensinamento, vamos trazer aos olhos dessa alquimia o que precisamos compreender para aplicar tais conhecimentos aos dias atuais e as buscas que cada um possui, e assim atingir os objetivos de conhecimento interior com foco em uma vida livre.

Segundo o Mestre Buda, os sete baixos estados de vida são:

Estado de inferno

Este é considerado o mais baixo estado de vida, nele o ser humano não tem vontade de viver, está realmente no fundo do poço. Fazendo uma analogia com os tempos atuais, podemos incluir nesse rol todas as pessoas que se encontram em depressão, todo o ser humano que utiliza de drogas desde remédios, álcool etc., pois a busca é se ausentar da vida, logo, qualquer pessoa que precise e queira utilizar de elementos para se afastar da vida, qualquer pessoa que possua o desejo de morrer encontra-se no mais baixo estado de vida, onde o que existe na verdade é a ausência de vida.

Estado de fome

O segundo baixo estado de vida é o estado de fome, cuja principal característica é ser um predador, "quero porque quero". Trata-se de um estado em que o fator egocêntrico, assim como o estado que será esclarecido abaixo predomina, porém a diferença é que no estado de fome existe uma emoção de inveja velada, em que os pensamentos permeiam a pergunta: Por que ele tem e eu não? Por que ela consegue e eu não? O ser nesse estado tem tendência natural de ser a vítima de todos, o coitado sempre, demonstra fragilidade enorme, no entanto, dentro do seu interior mental o que existe é somente uma raiva que o correi.

Estado de animalidade

O terceiro baixo estado de vida é o estado de animalidade, nesse estado o ser humano, como o próprio nome já informa, age feito um ser humano da era da caverna, chegando quem sabe à era medieval. Este ser humano vive como uma besta humana, ele rouba, mente, engana, corrompe, acredita que o sexo é um meio de ascensão, e por isso vive à caça de um prazer, todavia, o que acontece na verdade é a busca bestial de afirmação e poder; seu principal alvo é o dinheiro, é o ter.

Solicitamos que enquanto fazem esta leitura, comecem a ligar todos os conhecimentos já oferecidos aos senhores nos capítulos anteriores, em paralelo, utilizem da memória para pensar quais pessoas conhecidas ou não conseguem se incluir em cada estado aqui esclarecido, além de verificar quais desses estados podem ser sentidos com mais frequência na vida de vocês. Anotem no caderno de exercícios, pois iremos precisar mais à frente.

Estado de ira

O quarto baixo estado de vida é bastante conhecido pelo nome, estamos falando do estado de ira. Essa emoção certamente já foi experimentada por todos pelo menos algumas vezes na vida, o que é muito normal. Contudo, o que é preciso observar é se vivemos nesse estado, ou seja, o quanto de ira eu expresso quando algo de injusto acontece, isso é diferente de estar irado o tempo todo.

É necessário observar principalmente se estão se colocando enquanto vítimas e desse modo fornecendo o direito de ficar irado com todas as injustiças que a princípio lhe fizeram. Logo, viverão reclamando, verbalizando acerca do quanto detestam isso ou aquilo, aquele ou aquela pessoa, podendo chegar realmente a fazer coisas contra outras pessoas, desde matar, ou mesmo prejudicar, não importa, o que importa é que foi a emoção que levou a fazer.

Estado de alegria

O quinto baixo estado de vida considerado nesse CAPÍTULO é o estado de alegria, sim, senhores, a alegria é um estado tão frágil que aqui é considerado um baixo estado de vida.

Não precisamos nos aprofundar muito conceituando o estado de alegria, porém o que precisamos mostrar é sua fragilidade, por exemplo: acordamos muito alegres, até que o telefone toca, e a informação que temos é de que acabamos de perder o emprego. Imediatamente, este estado de alegria se transforma em estado de inferno. Ou algo mais simples: estamos dirigindo e somos fechados pelo carro da frente que não se desculpa, ao contrário, ignora e ainda debocha. Imediatamente, entramos no estado de ira, e nem é preciso descrever os pensamentos que surgem à mente. Aí está a fragilidade desse estado e o porquê de ser considerado um baixo estado de vida.

Estado de contemplação

O sexto baixo estado de vida é o estado de contemplação, é considerado um baixo estado de vida por se tratar de um estado onde quem nele permanece ainda está sob o efeito da separação, da dualidade, a unidade não permeia a sua vida. Nesse estado, a contemplação é feita para fora, e em momentos escolhidos, não é orgânico, natural, o ser precisa fazer força para estar contemplando. Diante desses momentos, a pessoa sente uma paz que é real, porém assim como a alegria, quando o mesmo se encontra fora desses momentos o que volta a comandar é a dualidade, a separação, o julgamento. Poderíamos exemplificar esse estado facilmente: uma pessoa que separa horários para meditar, o que é importante, contudo, o aprendizado dessa prática não é absorvido, e quando se separa desse momento facilmente entra na dualidade do ser, julgando e competindo com tudo.

Estado de erudição

No sétimo e último baixo estado de vida, o estado de erudição, temos o conhecimento acadêmico, filosófico, poético, é o que reina no mental da pessoa que vive nesse estado. Nesse estado não existe abertura para possibilidades além do que é cientificamente ou filosoficamente comprovado. O ser vive somente sob o domínio da mente e da ciência; poderíamos dizer que é um estado em que há muita dificuldade de sair, exatamente pelo ser acreditar que já possui todas as respostas possíveis. O valor está focado e reverenciado somente no que tange ao intelecto.

Observamos que de alguma maneira a vida humana oscila o tempo todo entre esses estados de vida aqui descritos, como um exame de eletroencefalograma, a vida passa como uma montanha russa, entre picos e vales.

O que oferece a Alquimia da Transmutação nesse CAPÍTULO é que uma vez reconhecida a característica básica do estado de vida individual,

– Os 10 Estados de Vida –

cada um poderá identificar onde estão as crenças que o limitam a sempre repetir as coisas, o que o mantém sempre dentro de padrões destrutivos e sofredores, impedindo-o de ser verdadeiramente livre.

Solicito que elaborem no caderno utilizado um gráfico de picos e vales da própria vida, onde possam identificar por datas marcantes tanto de acontecimentos positivos quanto negativos, momentos que viveram e percebam em que estado de vida se mantiveram quando tais acontecimentos ocorreram.

Prestem atenção a qual estado de vida predomina quando estão nos picos da vida – picos correspondem a momentos positivos, e também qual o estado de vida conseguem perceber quando os vales aparecem.

Ao observarem a vida através deste gráfico clássico de picos e vales, conseguirão perceber quais emoções os empurram para baixo e qual a alavanca que até agora têm utilizado para conseguir sair do vale.

O segundo ponto importante é perceber qual o nome da emoção que frequentemente atua levando-os a oscilar entre os estados, seja positivo ou negativo, e perceber o quanto existe de fragilidade entre a emoção de bom e ruim.

Esse não é um exercício fácil, pois precisamos incluir praticamente tudo o que até agora foi dito, pois por trás de qualquer emoção sempre haverá um medo por detrás da cena, e esse medo agora deverá ser identificado.

Considerando tudo até aqui informado vamos formando um panorama individualizado, cada um inicia agora a descobrir o personagem que tem vivido até então as suas vidas. O que estou dizendo é que se inicia o processo de se descobrir onde, como e em que a nossa Pedra Filosofal se transformou. Muito bem, parte da história já começou a ser escrita por cada um que está lendo e fazendo todos os exercícios propostos até o momento. Essa história que está sendo descoberta por cada um se trata da história do mundo de ilusão até o momento vivido por todos, a história da vida movida por medos, crenças, padrões, filosofias e conceitos de outros, certezas nunca evidenciadas pelo dono do corpo, em que o ego comanda o ser, os projetos se sobrepõem aos ideais de vida, os dons são desconhecidos, e, obviamente onde a vida não existe!

Antes de iniciar a abordagem sobre os três mais altos estado de vida, solicito que parem a leitura e construam a história até aqui descoberta, cujo personagem é a própria pessoa que neste momento já encontrou algumas respostas sobre a sua existência. E, tal qual um grande escritor, inicie a escrever essa história, descrevendo nela toda a descoberta até agora, enquadrando todas as emoções percebidas e como essas emoções até o momento têm atuado. Sejam criativos e comecem a escrever o próprio livro, por enquanto não o livro da vida, mas o livro da ilusão.

Os três mais altos estados de vida:

Estado de absorção

Sequencialmente, iremos para o oitavo estado de vida, em que o mesmo é considerado um alto estado, seu nome é Absorção. Trata-se de um estado em que os seres estão completamente dentro da unidade, tudo e todos são absorvidos por ele como uma única energia. Não existe mais divisão, conceitos de julgamentos ou de separação; o ter não mais influencia a vida dessa pessoa e sua busca gira e permeia somente o seu ideal de vida, tudo o que está abaixo disso é entendido como pura consequência.

Uma das principais características desse ser é a ausência da necessidade de afirmação e de competição, pois seu processo já se encontra dentro da transformação e da colaboração, ou seja, o outro deixou de ser um concorrente para ser um companheiro de viagem.

Estado de botisatva

O nono estado alto de vida é conhecido como estado de botisatva. Nesse estado o ser humano já não se importa com o seu ser, exceto se estiver ligado ao melhor para o outro. Essa pessoa é movida somente por metas nobres, quando consegue perfeitamente navegar nas emoções percebendo os verdadeiros sentimentos que os move. Por conta disso, sua motivação está em ser melhor a cada dia para o outro. O julgamento é algo que não mais existe, o ego é somente um copiloto muito obediente e absolutamente eficiente, os medos são colaboradores do crescimento, pois todos sem exceção são conhecidos e dominados de forma consciente recebendo outro nome, o nome de companheiros da transformação.

Estado de Buda

O mais alto estado de vida é conhecido como o estado de Buda ou estado de iluminação. Nesse estado, o ser humano já transcendeu dando origem ao ser divino. Nesse estado a Pedra Filosofal é somente luz, e essa luz fornece ao corpo toda sanidade necessária para transcender a própria morte da matéria. O corpo ainda existe, entretanto está morto, a alma está livre e o espírito ilumina a outros e a si mesmo.

Todos podem estar se questionando e até pensando que nunca nenhum humano normal poderá alcançar esses estados, somente personalidades como Jesus, Gandhi e outros tantos que mudaram uma história. Por um lado, isso é verdade, pessoas comuns dificilmente poderão sentir a plenitude de atingir esses estados, porém qualquer pessoa que desejar não ser comum conseguirá transitar entre esses estados, isso eu garanto.

Conhecendo a si mesmo, todos são capazes de escolher o que desejam para própria vida, e assim poderão navegar nas emoções, reconhecer os sentimentos e desenvolver metas nobres, transformando-se através de escolhas verdadeiras em ser o que desejam ser.

Como já relatei em outros capítulos, há duas circunstâncias pelas quais a humanidade não tem como deixar de passar, uma é pela morte da carne e a outra é de fazer escolhas, porém só é possível fazer escolhas quando se tem escolhas. A única maneira de se fazer escolhas com a consciência do Ser é conhecendo o ser, caso contrário, sempre terá outra coisa fazendo escolhas por vocês, sempre terá outras coisas comandando a vida de vocês, seja o ego, o medo, as tradições, as crenças, os padrões, os conceitos, as desculpas, menos vocês mesmos!

- Quem comanda a sua vida?
- Quem são vocês?

Solicito que nesse momento questione para dentro de si, levem para dentro essas duas perguntas e escolham as respostas, depois comecem a praticar tudo o que aqui já foi ensinado com toda determinação, com toda energia necessária para alcançar na vida a resposta que deram, não desistam, o caminho já está aberto, pois o conhecimento agora é fato, portanto não cabe mais desculpas, não existe mais possibilidade de culpar os outros, somente cada um pode fazer da vida o que escolheu como resposta.

CAPÍTULO XIII

Os Sentidos Abstratos – Dons Originais

Muito se fala sobre talentos, dons, vocação, habilidades, genialidade, será que existe diferença, será que todos temos tudo isso, e para que serve tanta coisa se mal conseguimos distinguir, se não conseguimos reconhecer em nós muitas dessas coisas.

Na história de Sofia, Marcos e João podemos falar de alguns talentos, de habilidades, todavia, não podemos falar de dom ou genialidade, no entanto, em alguns momentos observamos que dentro dessa história coisas foram trocadas por outras, vamos abaixo demonstrar.

Os pais de Marcos acreditavam que ele era um gênio e afirmavam isso a todo instante, descreviam-no como detentor de habilidades especiais, e por conseguinte ele precisou a vida toda demonstrar sua vocação para tudo o que os pais afirmaram que ele possuía, porém tudo o que conseguiu foi realizar alguns projetos com êxito, seja por atuações negativas ou atuações positivas, e isso aos olhos de quem somente julga pelo quanto se tem, consegue definir como genialidade. Ou seja, se alguém consegue ter dinheiro significa que é uma pessoa de sucesso, um gênio, uma pessoa muito inteligente, com habilidades extraordinárias, não importando os meios para isso.

Outro exemplo pode ser dado com a vida de Sofia, que era considerada também muito especial, pois era adorável, gentil, equilibrada, esforçada, por isso seguia a sua vocação de ser professora, de ser esposa e mãe, porém todos viram que tal vocação era uma vocação imposta, o que trouxe a ela muito sofrimento.

No caso de João acontecia o inverso, pois as afirmativas de todos ressaltavam que ele não era especial em nada, e por isso levou a vida buscando ser especial em alguma coisa, o que o levou a uma queda onde quase perdeu a vida, e somente depois desse fato ele se encontrou com ele mesmo, iniciando nova vida, não mais buscando se destacar aos olhos de outros, não mais querendo desenvolver talentos, habilidades e uma vocação que não era sua, mas sim colocando em prática o seu dom que até então não imaginava ter, sendo assim iniciou um processo em direção ao seu ideal de vida descoberto através da dor.

Outros exemplos podemos dar por meio de nomes ou frases que quando ouvidas automaticamente a nossa mente nos dá informações através de conceitos seja por julgamentos, por história que conhecemos ou por conceitos que em algum momento trouxemos para nossas vidas.

Vamos agora fazer um teste, peguem o caderno e conforme vocês leem as palavras, frases ou nomes abaixo escrevam o que vem à sua mente, quanto a talento, vocação, dom, habilidade, genialidade, ou qualquer outra nuance que possas ter vindo como pensamento.

Exemplo: Jesus.

Pode ser que quando tenha lido o nome de Jesus tenha pensado em genialidade, se assim for, escreva ao lado de Jesus – genialidade.

Bem vamos iniciar o exercício.

- ✓ Ele conseguiu passar em primeiro lugar para medicina na faculdade federal.
- ✓ Papa Francisco.
- ✓ Gandhi.
- ✓ Ela nunca na vida aprendeu a tocar um instrumento, porém toca violino como ninguém.
- ✓ Esse professor dá a melhor aula que já pude presenciar, saio da sala renovado, com força para viver.

– Os Sentidos Abstratos - Dons Originais –

✓ Jesus.

✓ Os cientistas descobriram a cura contra o câncer.

✓ Sócrates.

✓ Como é especial ouvir essa mulher falar, ela transforma a tristeza em paz e alegria.

Solicito que guardem essas respostas para, ao final desse CAPÍTULO, verificar se trocariam ou manteriam as respostas, visto que estaremos descortinando os dons originais, aos quais também chamamos de sentidos abstratos espirituais.

Consideramos talentos como competências que são desenvolvidas com o aprendizado acadêmico ou qualquer outro aprendizado buscado pela pessoa para ser desenvolvido.

Uma pessoa que ouve uma música, ou um instrumento sente o desejo de aprender a tocar ou a cantar, e dessa forma inicia a adquirir um talento para isso, esse talento lhe dá prazer que a motiva a continuar, desenvolvendo assim habilidades cada vez maiores para execução desse talento, e dessa forma ela descobre que nasceu para tocar, para cantar, e a isso podemos dar o nome de vocação.

Muitas são as pessoas que desejam ter por vocação o cantar e o tocar também entraram em aulas, porém não conseguiram continuar, então, não chegaram a adquirir talento, habilidade e perceberam que mesmo gostando de cantar e tocar, não desejavam aprender.

Em contrapartida, cabe perguntar onde está a diferença entre os tantos que efetivamente fazem sucesso e outros que não conseguem chegar a lugar nenhum, mesmo tendo adquirido talento e habilidade para música.

Desconsiderando as formas humanas de chegar ao sucesso, que podem variar entre ter conhecimento, dinheiro e outras coisas, desconsiderando quaisquer outros conceitos ou explicações humanas, vamos nos prender somente à pessoa, ou seja, duas pessoas que possuem as mesmas oportunidades, desenvolvem talentos e habilidades, possuem vozes lindas, porém uma chega ao ápice de sua vocação e emociona milhões de pessoas, e a outra precisa trabalhar em outra atividade para conseguir o sustento diário.

Alguns pontos são fundamentais para se chegar a alcançar uma meta quanto a um propósito de vida, e aí podemos elencar foco, determinação, planejamento organizacional, visão de negócio entre tantas outras competências coorporativas, que facilmente poderão ser desenvolvidas com um treinamento adequado.

Além de tantas competências coorporativas, existe também a influência de competências ligadas à inteligência emocional, estamos falando de otimismo, reconhecimento de padrões, empatia, e o quanto essa pessoa possui metas nobres. Todos esses pontos são fortes aliados para que os objetivos sejam alcançados, porém além de todos esses pontos importantes há um que definitivamente é o divisor de águas para se alcançar o ideal de vida como projeto de vida, e assim atingir a plenitude, estamos falando de dons originais, cuja manifestação é importantíssima. Os dons originais, quando potencializados com os talentos, fazem o diferencial entre o simples cantar e tocar, para o cantar e tocar que contagia e emociona.

Todos os caminhos das nossas vidas quando potencializados pelo dom original que cada um tem consegue atingir o patamar de alta performance, não importa em que área da vida, pois os dons originais sempre estarão elencados ao ideal de vida, elevando esse tema ao mais alto nível de plenitude e perfeição.

Nos capítulos anteriores falamos sobre os cinco sentidos que toda humanidade conhece, neste CAPÍTULO acrescentamos a esses sentidos os dons, ou os sentidos abstratos espirituais, que podemos reconhecê-los como valores fundamentais, ou com a motivação individual. Em consideração a tudo isso vamos elencar os dons originais, e solicitamos que ao lerem reflitam sobre as respostas anteriores, buscando identificar dentro dos dons abaixo descritos o que mais possuem identidade com cada um, esclarecendo que todos podemos ter mais que um dom, mais que uma motivação, isso é fato, no entanto, um sempre se destaca, e a ele iremos dar atenção maior.

O dom da fé

Inicialmente, vamos falar sobre o dom da fé, tenho certeza que ao lerem fé alguns podem ter pensado negativamente sobre essa palavra que infelizmente tem sido usada durante milênios como uma forma de alienação, de poder, de dependência e de obediência a outros, porém essa fé aqui elencada não possui a mesma conotação já ouvida, pois o dom da fé significa que acreditamos e confiamos em nós mesmos, cremos sem duvidar em nós mesmos, logo, fé é a certeza absoluta e irredutível em tudo o que acreditamos, falamos e por tanto somos, ao ponto de conseguirmos contagiar a todos com o nosso exemplo. Se um orador possuir o dom da fé, como o seu dom original principal, e viver esse dom em toda sua essência será com certeza um orador destacado entre todos. Ao unir esse dom ao talento desenvolvido e às habilidades adquiridas sem nenhuma dúvida essa pessoa será imbatível, pois estará exercendo com plenitude o mais alto nível de performance dentro do que chamamos de vocação.

O dom da fé desperta sentidos abstratos em todos os que nesse dom vivem, pois não existirão obstáculos para detê-los, serão firmes nos propósitos e dificilmente se desviarão de seu foco.

Muitas pessoas possuem esse dom como o seu dom original, não obstante, só conseguem exercitá-los para outros, na própria vida ainda não conseguem utilizá-lo na sua potencialidade máxima, o que é muito comum, pois contra os dons temos um inimigo natural que habita e atua dentro do ser humano, estamos falando do velho ego; dependendo de quanto essa pessoa saiba dançar a dança da vida ela conseguirá utilizar esse dom a seu favor ou não.

Um excelente orador consegue fazer com que pessoas utilizem suas técnicas, utilizem suas orientações e transformem a vida, entretanto, esse mesmo orador não consegue aplicar na própria vida seus ensinamentos, pois infelizmente quem comanda a sua vida ainda não é o ser, mas sim o ego, logo a direção, os medos, as dúvidas, os julgamentos ainda são mais fortes e acabam abafando o seu dom, não conseguindo assim utilizá-lo a seu favor.

Quando reconhecemos os nossos dons, conseguimos iniciar o processo de ativar nossa Pedra Filosofal, visto que os dons estão ligados à energia vital que nos faz viver e ir ao encontro de nosso ideal de vida, porém não pensem que seja fácil, pois existe muitas teias de aranhas e poeiras que há muito embaçam o brilho da luz que emana da nossa Pedra Filosofal, a luz da vida que habita nosso interior. Poderíamos dizer que essas sujeiras são formadas pelos conceitos, crenças e padrões que vamos acumulando como sendo nossos? Podemos dizer que essa sujeira vem da atuação do ego? Podemos dizer que essas sujeiras são provenientes de nosso pensar, nosso falar e nosso fazer com base na mediocridade, sim tudo isso é verdade, todavia, além disso toda essa sujeira vem do fato de sermos ignorantes quanto ao desconhecimento sobre quem verdadeiramente nós somos.

Solicito que novamente retornem ao caderno, e coloquem duas perguntas, pensem e respondam:

- Quem sou eu?
- Quem eu gostaria de ser.

Conforme já falamos, as pessoas que possuem esse dom, ou esse sentido abstrato espiritual mais atuante como sendo o fator motivador da vida, irradiam a perseverança, a determinação, a certeza, a aceitabilidade e a paciência.

Todos os que nesse dom atuam em plenitude possuem estratégias definidas para atingir a paz, essa sempre será a motivação mor para seguirem em frente.

O dom do amor

O segundo dom a ser elencado é o dom do amor, aqui não estamos falando no amor entre homem e mulher, do amor entre uma mãe e um filho, ou do amor a Deus somente, estamos falando do amor universal, do amor que move o interior em busca de respostas, em busca de um ideal de vida que pulsa dentro do ser que por este dom é movido.

– Os Sentidos Abstratos - Dons Originais –

Esse dom traz a união da própria vida, faz com que a dualidade desapareça e a unidade surja com a força absoluta do amor. Uma pessoa que tem esse dom desenvolvido em toda sua potencialidade consegue desenvolver relacionamentos eternos, possuem capacidade extraordinária em compreender, pois todo o seu ser, todo o seu pensar gira em torno de uma unidade, logo o outro sou eu.

Certamente, uma pessoa que possui esse dom como sendo seu dom original será um profissional agregador, onde quer que atue conseguirá fazer com que todos se sintam acolhidos, unidos e, dessa forma, conseguirá ser um líder de alta performance, pois todos confiaram nessa pessoa enquanto autoridade, facilmente desenvolvendo verdadeiros seguidores.

Um líder de qualquer área que possui esse dom, ou esse sentido abstrato espiritual atuante, inevitavelmente, terá sucesso junto à sua equipe, seja ela qual for, pois a motivação da unidade fornecerá a seu grupo a certeza de continuar, custe o que custar.

Traremos agora a frase que já foi citada em outros capítulos como a força motriz que rege a vida e hoje está faltando nessa humanidade que habita um planeta chamado Terra, é ela: Amai a seu próximo como a si mesmo!

A pessoa que tem seu dom definido e conhecido tal qual o dom do amor, nunca terá dificuldade em praticar essa frase, ao contrário, ela será a única possível para ele ou ela, qualquer coisa que esteja fora dessa premissa para a pessoa é medíocre e não a motivará a continuar.

Novamente, vamos advertir para o outro lado desse dom, assim como o dom da fé e os outros que iremos aqui descrever, esse dom ou sentido abstrato espiritual só atuará positivamente se o ego não estiver no controle, pois caso o comandante dessa vida seja o grande julgador, infelizmente, esse dom nunca conseguirá se manifestar em toda sua magnitude, o que restringirá em muito a atuação dessa pessoa em qualquer área que ela definir, tanto em nível de projeto de vida quanto em ideal de vida.

Uma das principais características de uma pessoa que possui esse dom como força motriz, porém não atuante, visto que ela ainda é comandada pelo ego, é o fato de nunca conseguir se realizar com ninguém, ela tem tanto para dar de amor, mas como não está no volante da sua vida o que consegue é o oposto, somente consegue cobrar o que quer dar, visto que não consegue dar na intensidade que seu ser deseja.

Quando uma pessoa possui esse dom tal qual seu dom original, porém este não é conhecido na sua totalidade, todo relacionamento se transforma em uma tentativa de ajudar, seja em relacionamentos amorosos ou de trabalho, de família ou de uma simples amizade, e processo é tão intenso que a pessoa se entrega absolutamente, todavia a plenitude não é alcançada, pois o ego atua em forma de consolidador e dono dessa relação, cujos conceitos, padrões, opiniões e crenças exerce como verdades absolutas. Logo, o amor universal está soterrado, o ser não consegue atuar com liberdade, não havendo vida, deixando a plenitude escondida por um sentimento de incompetência.

O dom do conhecimento

O terceiro dom original tem por nome o conhecimento, e mais uma vez precisamos diferenciar essa palavra do conceito conhecido, pois como falamos em conhecimento a nossa mente nos leva a pensar em tudo o que adquirimos através dos livros, das universidades, etc., isso também é conhecimento, contudo o mais importante dos conhecimentos, considerado como um dom original, é a sabedoria.

A união do conhecimento com o aprendizado adquirido com as experiências, somado a tudo o que se consegue perceber com os sentidos básicos: a visão, a audição, o tato, o paladar e o olfato poderá ser transformado em sabedoria ou em esperteza, dependerá de quanto a pessoa se conhece e conhece o seu ser, pois igualmente aos demais dons, se o senhor chamado ego comandar essa vida, o sábio será na verdade um tolo.

Um dos pontos ligados diretamente a esse dom é a criatividade, a expansividade, a vivacidade, a sensibilidade, a percepção, o senso artístico e musical, dentre outros.

Quando esse dom é utilizado em toda sua totalidade não existe certo ou errado, pois o portador desse dom certamente será diferenciado em tudo o que fizer, pois será único. O poder de criar estará atuando o tempo todo, logo, será um cantor, um pintor excepcional, sempre terá soluções inusitadas a qualquer demanda que a ele aparecer, pois seu conhecimento sempre estará atrelado à sua sabedoria, potencializando-o.

Esse dom quando conhecido e utilizado é um potencializador de qualquer projeto de vida, porém para um ideal de vida a pessoa precisará mais que somente conhecê-lo, será preciso que a pessoa viva o conhecimento em forma de sabedoria; será preciso que a pessoa tenha por principal propósito ser íntegra, uma vez que será observada o tempo todo, como todo sábio, pois o exemplo será a ferramenta mor para que todos a sigam e a respeitem.

O dom da justiça

O quarto dom é o dom da justiça ou do equilíbrio, o nome desse dom já nos induz a pensar que tudo está entendido, porém para que esse dom seja verdadeiramente um dom original, ele deve estar bem definido entre justiça, não vingança. O equilíbrio é a forma de demonstração mais autêntica entre as energias, pois independentemente do que se apresente para a pessoa, o fator neutro tem de imperar, nunca o fator do interesse próprio. Portanto, está ligado à serenidade, à imparcialidade, ao respeito e à reverência a tudo e a todos, mesmo que tenha de pedir perdão, ou assumir qualquer que seja a dor, esse dom o faz sem a menor dúvida.

Podemos colocar os juízes e a lei humana como parte desse dom, porém se assim se limitasse não seria um dom, mas sim mais um talento. Para que esse dom seja de fato um dom original ou um sentido abstrato da espiritualidade, ele precisa estar repleto de compaixão, a imparcialidade precisa ser fato e o perdão o condão mor que deve ser utilizado como ferramenta para que esse dom possa atuar para a pessoa e para outros. Esse grandioso dom promove a ação do fator equilibrador, trazendo harmonia a todos e ao ambiente.

O dom ordenador

O quinto dom ou sentido abstrato da espiritualidade é o dom ordenador, que possui dentre tantos valores a lealdade, a fidelidade, o senso de defesa, a firmeza interior, a promoção da confiança para que todos possam caminhar mesmo que no escuro, pois através de suas diretrizes sabem que chegarão em lugar seguro.

A ordem nos remete também à lei, não somente em sua forma escrita, mas na proteção que ela deve oferecer, por isso a pessoa que possui esse dom como original sempre visará à proteção de todos, custe o que custar. Provavelmente, se esse dom for utilizado em sua forma pura poderá se mostrar muito rígido, pois tudo deverá ser de acordo com a ideia de correto, que a pessoa possua. E, dessa forma, não chamaremos de dom, mas de talento, uma vez que esse dom precisa ter flexibilidade e respeitar a diversidade para que possa ser chamado de dom. Nunca, nunca mesmo a pessoa que o tem como dom original pode ser alguém que ainda tem no julgamento fornecido pelo ego seu patamar de vida; ela precisa antes de qualquer coisa levar a sua ordenação ao crivo da consciência – essa é a ferramenta a ser desenvolvida por todos os que verdadeiramente desejarem atuar com esse dom.

O dom da evolução

O sexto dom é o dom da evolução, que quando utilizado em toda sua grandeza tem realmente o poder de alterar energias paralisadoras e estabilizar as pessoas dentro de um crescimento contínuo a caminho da sabedoria, sendo um excelente conselheiro e um excelente ouvinte.

Uma das principais características das pessoas que possuem esse dom como dom original é a utilização da fala como expressão mor de tudo o que foi ouvido atentamente, sendo tolerantes, receptivas e extremamente flexíveis, pois a evolução se dá exatamente com a sabedoria de se observar todas as possibilidades, todos os fenômenos e somente assim construir formas de operacionalizar o crescimento e a evolução de qualquer coisa.

Se uma pessoa percebe que esse é seu dom original, mas sabe que ouvir atentamente não é ainda um talento, saiba que essa é a ferramenta que precisa para que o seu dom possa ser colocado em prática e utilizado em toda sua potência.

O dom da geração

O sétimo e último dom que iremos tratar nesse livro é o dom da geração, podemos dizer que esse dom é o dom de procriar tudo, de multiplicar, é o dom que possui mobilidade, onde tudo sempre é visto por vários prismas.

Esse dom também é o dom da vida, considerando que a vida é criacionista e geracionista. Entendemos que a competência da inteligência emocional, conhecida por otimismo, deve ser a ferramenta que move essa pessoa, unido ao desejo de proteger e sustentar tudo o que é gerado, seja uma ideia ou um ideal de vida, tudo deve ser feito.

Nunca desistir é o lema e as atitudes de uma pessoa que possui esse dom, contudo, assim como os demais se este for governado pelo ego, o efeito contrário pode ser observado facilmente, pois o otimismo será substituído pelo pessimismo, a proteção por posse, a sustentação por descontrole e assim, ao invés de gerar, o que acontece é que tudo se perde, e as grandes guerras surgem para controlar e dominar.

Diante dos sete dons originais expostos e as duas perguntas respondidas, numere de um a sete, considerando o grau de atuação à sua série de dons, observe o que está faltando para que seu dom original possa atuar brilhantemente, e desse modo estará polindo a sua Pedra Filosofal, devolvendo ao seu corpo o poder que a ele foi concedido no momento em que adquiriu seu corpo material.

Antes de passar para o próximo CAPÍTULO, por favor leiam todas as anotações feitas até agora, se preciso alterem o que já percebem estar diferente, porém não apaguem o que anteriormente foi escrito, somente coloquem o que sentem que pode ser acrescentado utilizando outra cor de caneta. Dessa forma, conseguirão perceber o quanto já evoluíram em conhecimento de si mesmo, e o quanto já adquiriram em sabedoria para se apropriar de ferramentas a seu favor nessa caminhada chamada vida.

CAPÍTULO XIV

O Grande Encontro

Falhar não é fatal, mas falhar e não mudar pode ser.
- John Wooden

Passados dez anos dos últimos acontecimentos, ocasião em que os amigos já tinham atingido a casa dos cinquenta anos, em uma linda manhã de domingo, João elevou o pensamento e se lembrou de Sofia e de Marcos, e em seu coração brotou desejo imenso de revê-los, então, iniciou um processo de retomar essa amizade, pois algo em seu interior dizia que estava no momento de revê-los, afinal de contas, eram como irmãos.

Todos os telefones que ele tinha não mais existiam, pois já havia se passado mais ou menos 10 anos da última vez que soube notícias dos dois amigos, depois nunca mais. Eram tantas atribuições que o tempo passou e eles nem se deram conta.

João transformou-se em uma pessoa respeitada e muito feliz, era casado, com filhos e já tinha netos, trabalhava em clínicas auxiliando a recuperação de pessoas doentes pelo vício, e atualmente também tinha sua própria clínica montada, que era referência no tratamento de viciados em drogas pesadas. Era chamado constantemente para dar palestras, treinamentos, encontros e workshops dentro e fora do Brasil. Sim, João se transformou em uma pessoa íntegra e muito reconhecida, atingiu seu ideal de vida, é hoje uma pessoa livre.

Em sua busca contínua, finalmente conseguiu localizar o telefone de Marcos, o que não foi difícil, visto que ele ainda morava no mesmo lugar e ainda ocupava um cargo político, o difícil mesmo foi falar com o amigo, pois toda vez que ligava alguma outra pessoa atendia e sempre dizia que seu amigo estava em uma reunião e não podia atender.

Muitas foram as vezes que sem sucesso tentava falar com seu amigo de infância, porém o amigo parecia não querer mais reviver momentos em que todos ainda tinham sonhos, e de alguma maneira eram irmãos. O que será que acontece quando o tempo chega? Por que será que as amizades terminam ou se afastam quando se constrói família, quando se desponta em uma carreira, ou qualquer coisa parecida?

O mundo gira o tempo todo, e o tempo todo encontramos pessoas, nos relacionamos, fazemos amizades, umas ficam por um tempo, outras da mesma forma que chegaram, desaparecem, outras ficam na lembrança, e vez ou outra em um telefonema. Por que será que o grupo não aumenta a cada ano que aqui vivemos, ou melhor, ele até aumenta, mais como uma bola de encher, enche e esvazia todo o tempo.

João estava determinado, nada nem pessoa alguma o impediria de reencontrar o amigo. Em um só dia ele ligou exatamente quinze vezes, deixou o telefone pedindo para que o amigo retornasse em todas as ligações, foi então que na décima sexta vez a mulher que atendeu ao telefone disse que o amigo havia informado que retornaria a ligação às 20h, que ele poderia aguardar. João teve a impressão de que a mulher já não aguentava mais atendê-lo, e, portanto, deu a primeira resposta que lhe veio à cabeça para que ele parasse de ligar; todavia, João tinha uma certeza – a de que se o amigo não ligasse às 20h, ele iniciaria a ligar novamente no dia seguinte.

A hora foi passando até que finalmente chegou o horário em que Marcos disse que ligaria, porém, meia hora já havia passado das oito horas quando o telefone tocou, e ao atender João reconheceu a voz do amigo do outro lado do telefone, ele não tinha dúvidas, era o Marcos.

Muito feliz e animado João começou a falar com o amigo o quanto deseja revê-lo e juntos reencontrar Sofia, pois o tempo tinha passado e muitas coisas tinham acontecido, entretanto, a vida dos três estava unida por tantas experiências e sonhos que compartilharam por um grande período de vida.

Marcos, ao ouvir o amigo, começou a chorar sem parar, meio confuso acerca do que estava acontecendo, e ao mesmo tempo que agradecia a João por ter ligado, dizia que também estava precisando retomar a vida que em algum lugar ele havia deixado, e continuou a caminhar fingindo que estava vivendo, porém reconhecia que fazia muito tempo que não se sentia feliz, não tinha paz, tudo o que fazia era executar o que os outros esperavam que ele fizesse, e nisso se perdeu.

João, surpreso com o que ouvia e de forma atenta, imediatamente percebeu que o amigo estava muito infeliz e precisava dele, foi então que marcaram de se encontrar na sexta à noite. Como ainda era terça-feira, ficaram de confirmar o encontro na quinta-feira. Eles se despediram e desligaram o telefone.

No amanhecer de quarta-feira, tudo parecia muito perfeito, pois João se alegrava cada vez ao imaginar o encontro com Marcos na sexta-feira, porém naquela quarta ele fora convidado como palestrante de honra em uma faculdade muito importante, onde estaria abordando o tema das drogas com alunos e pais de alunos, o que estava sendo esperado por todos fazia muito tempo.

Na verdade, as palestras de João eram muito concorridas, ele tinha uma habilidade fantástica na arte da oratória, tanto sua vivência quanto suas experiências traziam-lhe notória competência e autoridade no assunto.

O público esperado para esse evento era para mais de mil pessoas, o auditório da faculdade já estava lotado à espera do ilustre palestrante.

Pontualmente às 19h João começou a falar. Foram exatamente duas horas sem parar, e todos estavam atentos, quase sem piscar, pois João dançava enquanto falava, deixando a todos com a certeza de que é possível, sim, se livrar das drogas, e mais que isso, ficar completamente curado e livre.

Em meio a tudo o que foi dito, João citou um trecho de sua vida, ocasião em que morava com dois grandes amigos, e foi contando um pouco do que acontecia naquela época, do quanto ele sempre pensou que tinha que fazer alguma coisa para que os outros o notassem; contou do aniversário de vinte e um ano; da festa que fizeram juntos; o quanto as famílias compartilhavam dos mesmos medos, e, assim foi relatando fatos da própria vida, e que hoje estava em busca de reencontrar os amigos.

Ao final da palestra, João convidou a todos a comparecerem ao lançamento de seu livro que aconteceria na próxima quarta-feira, na livraria mais conhecida da cidade às 18h.

Na quinta-feira pela manhã ligou para seu amigo Marcos, que já tinha lhe dado o número de seu telefone particular, o que facilitou o contato entre os dois, e imediatamente foi atendido, momento em que Marcos confirmou o encontro na próxima sexta-feira.

Era finalmente sexta-feira, o dia amanheceu lindo e muito tranquilo, muitas atividades, muitos telefonemas e principalmente muita paz, sim a paz reinava na família de João, pois todos estavam juntos em prol de um ideal de vida comum, o que trazia total equilíbrio entre todos.

Chegada a noite, João se encaminhou ao restaurante onde encontraria Marcos. Chegou primeiro pediu uma água e ficou aguardando o amigo.

O horário marcado parecia não chegar, e enquanto o tempo não passava, na mente de João viam as lembranças de um tempo que o ensinou a ser a pessoa que tinha se transformado, contudo, um tempo em que o medo de ser feio, burro, desajeitado, e tudo o mais que sempre imaginou ser, visto que tudo o que ouvia era que ele precisava fazer muitas coisas para alcançar o direito de ser aceito, e assim se entregou às drogas já que sua vida até, então, era uma droga e um fracasso.

Como um filme, tudo era recordado em sua mente, não com tristeza, mas com o coração grato por ter superado todo sofrimento transformando-o em aprendizado e crescimento. Seu coração estava cheio de alegria, pois tudo o que, então, possuía era fruto de grandes conquistas que passaram a acontecer quando se deparou com seu ideal de vida, e isso forneceu-lhe o poder de conhecer a si mesmo, buscando dentro

– O Grande Encontro –

de sua pobre vida uma decisão que o fizesse conquistar os seus sonhos, e assim foi.

Bem, nesse momento olhou para frente e se deparou com um senhor olhando-o fixamente, até então não havia reconhecido o seu amigo, pois o mesmo estava muito envelhecido, rosto abatido, corpo doente. Todavia, olhando fixamente nos olhos, observou que era Marcos e, subitamente, levantou-se e abraçou o amigo. Marcos, em contrapartida, estava surpreendido com o amigo que estava muito diferente, pois o João que ele conhecia era obeso, confuso, e o que via, era um homem que de obeso não tinha nada, ao contrário, tinha uma aparência saudável, feliz, e o principal muito seguro.

Após um longo tempo de cumprimentos, eles se sentaram e iniciou-se uma conversa acerca de todas as experiências, vitórias, sofrimentos perdas, ganhos eram colocadas e assim mais e mais se aproximavam como amigos, contudo, ainda existia uma necessidade enorme por parte de Marcos em se manter forte e vitorioso.

O tempo passava, as pessoas pouco a pouco esvaziavam o restaurante, e os dois a cada momento iam caminhando para um tempo quando eram crianças, adolescentes, e ficavam felizes dançando entre esses dois momentos como se o tempo tivesse retornado ao passado e o presente não existisse mais. Risadas e movimentos com as mãos faziam parte dessa conversa que parecia não ter fim, porém João tinha um desejo, o de reencontrar os amigos para retornar uma amizade profunda, uma unidade, logo, as lembranças do passado somente serviam para ilustrar o quanto essa aproximação era necessária e verdadeira; os laços entre eles eram muito mais do que uma simples amizade, existia uma história que os unia, porém os afazeres da vida secular dividiu, separou, e tudo o que João desejava era trazer novamente a unidade que compartilhou quando lutava para ser visto, quando lutava para ser alguma coisa, e agora que definitivamente estava realizando seu projeto de vida, sentia-se pleno com seu ideal de vida. Tudo o que ele queria era unir as pessoas que de uma forma ou de outra haviam colaborado para que ele fosse hoje essa pessoa.

Existia em João um estado real de gratidão por tudo o que havia vivido e aprendido, pois ele sabia que se não tivesse vivido, sentido e feito tudo o que fez, nunca seria este João. Mesmo com a dor, o sofrimento e a quase morte não existia nele a raiva, o desprezo ou a repugnância, o que prevalecia eram o agradecimento e o reconhecimento pelo seu estado de plenitude, era exatamente por tudo o que tinha vivido e sentido.

Contudo, quando os pensamentos o levavam ao arrependimento, momento em que a mente questionava o Porquê de tanta perda de tempo, levando-o à tristeza, ele imediatamente se olhava no presente e percebia que todo o tempo aparentemente perdido e desperdiçado ele havia invertido completamente em benefício dele e de outros, o que se traduz em ganho absoluto, pois até dentro do tempo que aparentemente é perdido, se enxergarmos o que temos de melhor, o que adquirimos através desses desvios, dessas dores, desses sofrimentos, dessa aparente perda de tempo, nós conseguimos descobrir uma fórmula inteligente e criativa de não apenas nos recuperarmos, mas também transformarmos o tempo passado nulo em um produto ativo e positivo no presente.

Diante de tanta alegria, em meio a uma alternância de realidade entre passado e futuro, chegou um garçom e perguntou se desejavam mais alguma coisa, foi então que voltaram para o presente e perceberam que não havia mais ninguém no restaurante, que todos os garçons estavam aguardando a finalização do encontro para que pudessem ir embora para suas casas. Olharam os relógios e viram que já se passava das duas da manhã, o que significava que ficaram falando e vivendo no passado intercalado de momentos futuros durante mais de seis horas consecutivas, ocasião em que os dois enxergavam somente os olhos um do outro, onde não existia julgamento, pois eles retratavam somente um momento em que eram jovens, e que mesmo com medos, hoje que veem tão somente como momentos maravilhosos, mesmo aqueles desafiadores, como foi o aniversário de vinte e um anos dos três; o momento em que subiram na árvore e que não conseguiram chegar ao fim, apenas Sofia em um outro dia havia conseguido, e meu Deus era uma mulher; tudo era naquele momento presente uma bobagem maravilhosa que se traduzia em momentos felizes e únicos.

Todo o momento mágico desse encontro nos revela que quando trazemos para o presente o passado de forma saudável, tudo se transforma em comédia, em alegria, em aprendizado, em saudade, em gratidão. Que as dores que vivemos, as angústias, frustações, desespero e tantas outras emoções que nos fazem pensar, sentir, desejar e até fazer coisas contra o nosso corpo, nossa alma, nosso ser, produzindo um efeito peçonhento em nossos pensamentos que corroem feito gafanhotos nossos sonhos, nossa fé, nossa existência, causando doenças ao nosso corpo, e nos induzindo a tomadas de decisões negativas, nos fortalecendo a verbalizar palavras contra quem mais amamos, e afirmativas para com pessoas que não amamos. Tais emoções são muito fortes, uma vez que comandam a vida dos seres que a estão sentindo e também a vida daqueles com quem essas pessoas convivem, pois quando um se expressa de forma verbal, por gestos, pelo olhar, por atos, ou por qualquer outra forma que possa imaginar ou surgir emoções peçonhentas, provoca no outro uma reação em cadeia de liberação de emoções semelhantes, que podem ser negativamente mais intensas, ou neutras, e assim vão vivendo todos, movidos por emoções, falando por intermédio dessas emoções, agindo e sofrendo também por essas emoções.

Com o passar do tempo, quando vão relembrando de forma saudável todas essas emoções, retiram o movimento que existe nelas, pois já vivenciaram tudo o que estão falando, e o que sobra quando saudável é o aprendizado que não se traduz em dor, pois não existe reviver com o movimento do tempo onde tudo aconteceu, o que existe é a consciência, o sentimento de que essa é a grande história da vida, e que hoje se pudesse voltar no tempo sabe que não precisaria ter dito muita coisa, ter sofrido por nada, ter perdido tantas noites de sono por algo que hoje sabe que nunca existiu.

Isso traduz na mente uma sensação de crescimento, de amadurecimento, em que todos acreditam que a idade, as dores, as conquistas, ou, de acordo com alguns: "a vida ensina". Não importa de que forma se verbaliza, o que estamos falando é que quando saudável as lembranças do passado se traduzem em aprendizado, exatamente porque a força da emoção já não mais atua na pessoa de forma a movimentar sensações internas, a motivar pensamentos peçonhentos, quando negativas, e o que fica é a única parte que não é ilusão, que é a consciência, o sentimento. Todavia, quando as lembranças do passado veem de forma negativa, elas são vividas intensamente como se ainda produzissem o mesmo efeito do momento em que aconteceram no passado. Dessa forma, os mesmos pensamentos peçonhentos surgem e atuam dentro do ser passando sensações idênticas, desejos idênticos, fazendo com que a pessoa fique dançando eternamente no mundo da ilusão, condenada a nunca poder rir, brincar, ver o que realmente acontece, o que realmente tem importância, e o quanto é relevante tudo o que passou um dia de forma inconsciente, não obviamente para reviver a todo momento, porém para recorrer a esses momentos de forma plena a fim de informar a outros o quão importante eles foram para a formação da pessoa plena e feliz que é hoje. Caso contrário, teria de falar que os momentos e as emoções passados colaboraram para formar essa pessoa doente, desprezível e chata que se apresenta hoje.

Acreditar e viver passados como se fossem vítimas de tudo e todos, como se o outro sempre tivesse devendo a você alguma desculpa, ou como se você tivesse sempre que perdoar a alguém, pois esse alguém foi muito injusto, muito desumano, muito mal com você. Reviver o passado e descobrir que dentro desse passado existem momentos que ainda fluem como momentos presentes de dor, raiva, rancor, orgulho é na verdade uma condenação feita contra a própria pessoa, sim, ela se condena a ser vítima de si mesma, se condena a viver em um mundo imaginário, e assim como um hamister que gira em uma roda acreditando que estar saindo do lugar, essa pessoa gira e passa pela roda da vida sem sair do lugar, adquirindo enfermidades para o corpo e para mente, afastando os outros de sua presença, desconstruindo tudo, precisando de remédios para dormir, para falar, para pensar, para tudo, pois a vida não existe, o que existe é um passado contado por uma lente e mente vitimada. Logo, essa pessoa se transforma em um alguém realmente peçonhento, tal qual seu pensamento.

Inevitavelmente, essa pessoa terá seus pensamentos corroendo-a por dentro; a expressão do pensamento, a fala correndo seu presente, descartando qualquer possibilidade de um futuro. Tudo o que a espera no futuro está exatamente na sua fala do passado, nem precisa ir a uma cartomante, ou recorrer a qualquer outra forma de previsão do futuro, pois ao se manter sempre na mesma corda de vitimização, jamais encontrará outro resultado, exceto decidir a trocar de corda.

A única maneira de iniciar o processo de troca de corda é a liberação do perdão para si, para todos os outros, e, obviamente aprender a pedir perdão, esse sempre será o início do processo de crescimento e libertação do mundo absolutamente ilusório. Caso esse primeiro passo não aconteça, não adianta buscar por outros resultados, pois sempre estará carregando uma mochila ridiculamente impregnada de doenças, que contaminará todos os seus dias com insanidades mentais, elevando à total escuridão a sua Pedra Filosofal, transformando o Elixir da Vida eterna, por você produzido, em fluidos negativos e insanos, causadores de doenças e morte.

O encontro entre João e Marcos resultou em novo encontro que aconteceria no lançamento do primeiro livro de João, marcado para semana seguinte, em uma livraria muito conhecida da região.

No dia seguinte tudo estava como sempre, João e Marcos vivendo suas atividades distintas, porém dentro de João existia uma ansiedade em rever o amigo para conversar sobre o presente, o que poderiam fazer para encontrar Sofia, e como poderiam juntos realizar atividades que pudessem gratificar suas vidas. Esses pensamentos ocupavam a mente de João em meio às atividades de escrever livros, dar palestras e ajudar pessoas.

Marcos, por sua vez, entre um pensamento e outro, entre uma decisão de outra, voltava o pensamento como um flash acerca do que tinha vivido naquele encontro, nas lembranças, nas risadas, e de como o tempo havia passado rapidamente e tão alegre, como a muito tempo não presenciava. Contudo, era frequentemente interrompido com um doutor Marcos, doutor Marcos, e então voltava rapidamente para sua vida vitoriosa aos olhos de todos, porém hoje ainda mais vazia aos seus olhos. Existia em seu íntimo uma ansiedade pelo próximo encontro; tudo o que ele sabia é que poderia acontecer qualquer coisa, mas nada o impediria de reencontrar o amigo, ele iria de qualquer maneira ao lançamento de seu livro, e isso o estava deixando muito, muito feliz. Algo havia renascido em seu interior, e isso era atualmente a única coisa que o deixava motivado. Sem dúvida alguma, o encontro com João havia trazido a ele novo norte, nova vida.

O final de semana que antecedia ao lançamento do livro finalmente chegou, e João resolveu ligar para Marcos, porém sem sucesso. Infelizmente, o amigo não atendeu ao telefone, e João ficou pensativo, mas acreditou que ele poderia estar viajando, ou ocupado, afinal seu grande amigo era uma pessoa importante e repleta de compromissos. Sim, isso era o que ele queria acreditar, mas algo dentro dele o preocupava, porém confiou, e o domingo chegou dando início a nova semana, a semana do lançamento de seu livro, que tinha como título "O despertar do ser". Os preparativos estavam em alta, pois como João tinha o nome muito divulgado e reconhecido, muitos eram os telefonemas, as entrevistas antes do evento, e tudo mais que engloba um evento desse porte.

Como o tempo não para, o dia do lançamento do livro finalmente chegou, todos se encontravam reunidos na livraria quando João chegou e se posicionou para fazer o agradecimento e um breve discurso para iniciar a sessão de autógrafos.

Abrindo o evento, ele começou a dizer que na vida precisamos ver o que podemos transformar para aumentarmos o nosso real tempo de vida, e foi discursando sobre o que é ser livre e como, sobre a essência de cada um e principalmente de como o exercício de amar e perdoar produz efeitos medicinais reais e libertadores.

– O Grande Encontro –

Encerrado o momento de abertura, João se posicionou para receber os livros das mãos daqueles que o adquiriram, cada encontro com um leitor era demasiadamente pleno e realizador, pois todos tinham uma palavra de agradecimento a fazer, todos tinham algo de compensador a informar como evidências de transformações de vidas que tiveram com a leitura de outros livros, ou em relação a palestras em que já tinham tido a oportunidade de comparecer, todavia, em meio a todas as pessoas que ali se encontravam João não conseguia ver o grande amigo Marcos, o que o estava deixando preocupado, pois ainda pela manhã ele tinha telefonado para ele sem sucesso, essa ausência realmente estava deixando João apreensivo.

Tudo estava correndo muito bem, a livraria estava repleta de pessoas que entravam na fila para o autógrafo a todo tempo, e por isso João tinha conseguido parar para telefonar para Marcos. E assim as coisas caminhavam até que de repente ouviu uma voz familiar lhe cumprimentando e pedindo que autografasse o livro. João levantou os olhos e viu uma mulher de ar triste, muito magra e envelhecida, algo existia de familiar, porém ainda não conseguia conectar quem seria aquela mulher, até que ela, mais uma vez se pronunciando, disse que se chamava Sofia. Ele, sem acreditar, levantou-se e a abraçou; ela então quando viu que o velho e grande amigo a tinha reconhecido, pôs-se a chorar.

João, que esperava rever o amigo Marcos, teve um presente de ser encontrado por Sofia, que lhe disse estar participando de suas palestras fazia muito tempo, e que na última palestra onde ele informou do evento de lançamento de seu livro se revestiu de coragem para finalmente reencontrá-lo, pois ela sabia que esse encontro seria muito doloroso para ela, pois sua vida, diferentemente do que todos esperavam, não tinha dado certo, ela se sentia envergonhada porque nada em sua vida tinha florescido, ela se considerava uma fracassada, uma sofredora, uma perdedora, pelo menos era assim que se colocava.

João, surpreso com tudo o que ouvia, estarrecia-se cada vez mais ao constatar no que sua grande amiga havia se transformado, visto que ela era sempre a mais equilibrada, mais decidida, enfim, Sofia sempre demonstrou equilíbrio mais apurado perante João e Marcos, e então como poderia a vida ter sido tão penosa ao ponto dela se perder no caminho, e hoje ser verdadeiramente outra pessoa. O coração de João perguntava o tempo todo enquanto ouvia a amiga falar: Onde está a Sofia que conheci? Como posso ajudá-la?

A conversa teve de ser rápida, uma vez que a fila crescia a cada momento e todos já estavam ficando impacientes visto que Sofia já se encontrava a mais de quinze minutos conversando com João. Infelizmente, eles tiveram de adiar a conversa para o dia seguinte, pois João, ao observar imediatamente o estado da amiga não teve dúvida de que seria a hora de ajudá-la, pois tudo o que tinha ouvido e visto foi o suficiente para deixá-lo preocupado.

Sofia, em rápidas palavras, fez um perfil de sua vida: encontrava-se sozinha lutando para salvar seu único filho que era dependente de drogas pesadas, e que a vida para ela não tinha mais sentido, pois todos os seus sonhos haviam escapado por entre os dedos e não tinha mais nada para fazer ou sonhar. Entre lágrimas e palavras Sofia também disse que por duas vezes tinha buscado a morte, porém nem isso teve o direito de conseguir, e que agora só restaria esperar a morte chegar. Seu filho, entregue à própria sorte, vivia na rua e junto de traficantes; quase não aparecia em casa e quando isso acontecia era para ser internado, pois sua situação sempre era extrema e isso, segundo Sofia, era o resumo de sua linda e perfeita vida.

Com um encontro marcado para o dia seguinte com a amiga, somado à ausência de Marcos ao lançamento, João continuava assinando seus livros, e dentro do possível ouvindo e se alegrando com as vitórias das pessoas que relatavam a todo tempo o quanto conseguiram mudar suas vidas, no entanto, duas preocupações rondavam sua mente: o que deveria ter acontecido com Marcos, e como poderia ajudar Sofia. Essas questões a cada instante surgiam em sua mente enquanto o dia passava e o lançamento do livro chegava ao seu final.

A hora do encerramento chegou, e o lançamento havia sido sucesso absoluto com a venda de muitos exemplares do livro. Todos estavam muito felizes e entusiasmados pelo interesse das pessoas por um livro de tema tão inovador, e com uma temática nova sobre os vícios, isso realmente era animador.

Além disso, muito João sabia que tinha a agradecer, pois havia reencontrado a sua grande amiga, e que de alguma forma sentia que estava pronto para ajudá-la, pois de igual maneira tinha sido ajudado por ela em tantos outros momentos de sua vida. Sofia, com seu jeito meigo, determinado, amigo e sempre equilibrado foi exemplo para sua trajetória enquanto ele se encontrava perdido. Essa grande amiga, por várias vezes, o ouviu pacientemente e com amor o abraçou e o respeitou, então, esse encontro com Sofia na livraria tinha sido o apogeu daquele dia, sim, João estava muito feliz e ansioso pelo encontro do dia seguinte.

O dia amanheceu tranquilo, e logo assim que deu nove horas João ligou para o amigo Marcos, desejava contar-lhe que havia encontrado Sofia e, obviamente, saber o que havia acontecido para justificar sua ausência no evento, porém foi novamente em vão, pois o telefone tocou até cair na secretária eletrônica – ele mais uma vez deixou um recado pedindo para que Marcos retornasse à ligação.

Sem sucesso nas tentativas de falar com Marcos, João se arrumou, deu um beijo em sua esposa que já compartilhava de toda a história entre os três amigos e de forma muito consciente se colocava à disposição para ajudar, visto que ela também trabalhava atendendo a pessoas, pois tinha como formação a carreira de psicoterapeuta, cujo ideal de vida era o trabalho com pessoas.

Sofia já se encontrava no bar quando João chegou, e o encontro não podia ser diferente, repleto de sentimentos e revelações. Após um café, João a convidou a conhecer seu escritório que ficava bem perto dali, pois gostaria de oferecer uma ajuda profissional, além de um ombro amigo, e para isso queria mostrar como era sua forma de trabalho, pois ele estava decidido, iria ajudar Marcelo, filho da Sofia, a se conhecer e com isso vencer as drogas. João também queria muito que Sofia conhecesse sua esposa, pois certamente ela poderia ajudá-la a se fortalecer e a se encontrar.

Em meio à conversa, João comentou de seu encontro com Marcos e de sua surpresa quanto à ausência no lançamento de seu livro, do quanto teria sido surpreendente o encontro dos três nesse momento, foi então que Sofia lhe trouxe uma notícia bombástica: ela revelou que Marcos sofria de câncer, e que isso andou pela mídia durante muito tempo, e que logo depois abafaram o caso dizendo que ele já estava curado, porém por meio de uma amiga, que trabalhava no mesmo prédio que Marcos, ela foi informada de que o Doutor Marcos havia sido internado às pressas um dia antes do lançamento do livro.

João, que sabia da notícia quanto à possível doença de Marcos e de sua cura, ficou muito assustado, pois havia tentado se comunicar com ele sem sucesso, e agora estava entendendo o porquê. Sofia ainda acrescentou que a esposa de Marcos não permitia visitas de pessoas comuns, pois entendia que devesse protegê-lo de comentários, e por isso escondia de todos sua doença e suas recaídas. Sofia arrematou dizendo que seria muito difícil conseguir chegar perto dele, ou mesmo saber de alguma notícia verdadeira.

João, que já estava em seu escritório junto com Sofia, ligou para o telefone de Marcos sem sucesso, então telefonou para seu gabinete onde a mesma secretária atendeu ao telefone informando que o Doutor Marcos havia viajado e ainda não tinha data para retorno, que daria o recado assim que ele retornasse. Foi então que João insistiu e solicitou, após esclarecer quem estava falando, o telefone de sua residência, pois precisava realmente auxiliar a família nesse momento difícil, e que tinha certeza de que seria muito importante para Marcos recebê-lo. Diante de palavras tão assertivas a secretária não hesitou e passou o telefone da residência de Marcos, uma vez que João não titubeou em falar tudo o que sabia, logo, parecia realmente se tratar de um grande amigo.

Muito bem, tanto João quanto Sofia agora tinham o telefone da residência de Marcos, e aí o que fazer? O tempo parecia ter parado e ao mesmo tempo ter voltado para o passado, em um tempo em que Sofia tinha sempre a melhor atitude, a melhor palavra, e, como por encanto essa Sofia surgiu, como uma adolescente feliz que acredita na vida começou a falar, que teriam de fazer tudo para encontrar um jeito de estar com Marcos e que nada ou coisa nenhuma iria impedir isso.

Quando João ouviu tais afirmações se surpreendeu e se alegrou, pois de alguma maneira estava ouvindo e vendo sua amiga ressurgir. E quando assim ele falou, ela parou e realmente se enxergou com força, com energia e decidida a continuar, isso realmente se transformou em um marco na vida de Sofia. Imediatamente, ela iniciou o processo de treinamento com a esposa de João e de igual maneira marcou uma entrevista com João para Marcelo que, por telefone, comprometeu-se em ir.

Após longo dia, os dois amigos combinaram de, insistentemente, ligar para casa de Marcos a fim de conseguir visitá-lo, e assim o fizeram durante toda a semana que sucedeu aquele encontro. Entretanto, nada havia surgido de positivo quanto a uma possível visita a Marcos, porém a entrevista com Marcelo tinha acontecido e havia corrido com muito êxito, pois ele concordara em ficar com João em seu centro de treinamento o tempo que fosse necessário para o processo de autoconhecimento e libertação do vício. Sofia, que por meio da luta de conseguir ajudar o amigo Marcos, reconquistou sua determinação e confiança, com isso saiu da posição de vítima para a posição de vitoriosa mesmo sem ver a vitória ainda.

Podemos aqui dar a isso o nome de fé, como queiram, pois aqui fé é ter certeza de tudo o que crê, é crer inabalavelmente em você, e assim conquistar tudo o que precisa para ser livre, e tudo isso sempre será feito através de escolhas pela consciência.

Temos acima algo muito comum, entretanto, nem sempre observado: quando temos uma demanda aparentemente negativa para resolver, notamos dois caminhos que naturalmente as pessoas tendem a seguir, um é o caminho da vitimização que leva a lamentações e queixas, e o outro caminho, por mais impressionante que pareça, traz para fora o grande leão que existe em cada um, despertando um sentimento de confiança que move a determinação, move a perseverança e estimula a fé. É impressionante perceber o quanto são antagônicas as reações, e seus resultados não são diferentes, visto que no primeiro caso geralmente nada acontece, ou somente algo vai acontecer se aparecer alguém disposto a fazer o que na verdade o lamentador deveria fazer. Isso nos sugere que possivelmente um dos motivos dessa atitude deva ser a necessidade de proteção de alguém, o medo do abandono aflorando ou mesmo a necessidade de ser aceito.

O outro resultado, obviamente, será positivo mesmo que o foco não seja atingido, pois somente o movimento da conquista já solidifica a fé e transforma o homem em um vitorioso. Não é necessário que alcancemos tudo o que colocamos por meta, todavia não fazer nenhum movimento para atingir essa meta é paralisador, necessário de se analisar, certamente há algum medo por trás dessa cena, isso é uma boa dica!

Uma semana já havia passado e ainda não tinham notícia de Marcos, foi então que Sofia descobriu seu endereço e partiu para lá, estava decidida a conseguir alguma coisa, qualquer coisa, o que não podia era continuar sem nenhuma posição de seu amigo. Avisou a João o que faria e dirigiu-se para casa de Marcos. Ao chegar, viu uma UTI móvel também chegando, ela tinha certeza de que era Marcos, então não teve dúvidas, gritaria se precisasse, mas falaria com alguém, foi então que aproveitou certa distração do guarda-costas, aproximou-se de sua esposa, apresentou-se demonstrando amor e assertividade e percebeu que tinha sido ouvida. Então, a esposa de Marcos, chorando depois de tudo o que ouvira, pediu para Sofia voltar no dia seguinte com João para finalmente falarem com Marcos, pois segundo ela ele não estava muito bem, e ela acreditava que seria importante encontrá-los.

Ao sair da casa de Marcos, imediatamente, telefonou para João que ao receber a notícia sentiu seu coração acelerar, e a única coisa que conseguiu expressar foi: "parabéns, estamos juntos amanhã".

O grande dia chegou. Após dez longos anos separados os três amigos estariam juntos, e isso ainda era mais especial, considerando que um dos amigos se encontrava doente, aparentemente precisando da união e da força dessas lembranças.

Chegaram na casa de Marcos e, imediatamente, foram recebidos por sua esposa que antes de fazê-los subir até o quarto onde Marcos repousava, informou que seu estado era muito grave, e que os médicos não tinham mais o que fazer, inclusive ele tinha sido removido para casa onde deveria morrer a qualquer momento. Ela concluiu dizendo que Marcos sabia de tudo, por isso estava muito irritado e sem paciência, e ela acreditava que a presença deles poderia realmente ajudá-lo, e assim encerrou sua fala convidando-os a subir.

A cada degrau da escada que João subia, vinha em sua mente a última conversa que havia tido com o seu amigo, momentos antes dessa doença se manifestar tão ferozmente; ao mesmo tempo os pensamentos de Sofia que não o via a muito tempo, como deveria estar sua aparência e sobre o que falaria, enfim, os dois sentiam que suas mentes estavam feito um turbilhão de sentimentos ao mesmo tempo, até que a porta do quarto se abriu, e Marcos com ar de cansaço pôde ver os amigos, e surpreso começou a chorar, chorar muito, chamando-os para abraçá-los, e assim ficaram por algum tempo. Sua esposa, que atrás assistia a tudo, também se emocionou, e dentro dela surgiu uma emoção de arrependimento, de tantas vezes ter dito não à possibilidade de passar os recados desses amigos a seu marido; a culpa invadiu seu peito, e quase sem saber o que fazer saiu sem que percebessem.

Após o abraço mais caloroso, amoroso e protetor já visto, os três amigos se olharam e ao mesmo tempo exclamaram: "Quanto tempo! Por que deixamos isso acontecer? Por que nos afastamos?" João, rapidamente, trouxe todos para o presente onde começou a agradecer por estarem novamente juntos, e que mesmo distante nunca se separaram, pois o amor que existia entre os três era indestrutível, o elo que os unia não era possível de ser separado, foi então que Marcos começou a falar do tanto que gostaria de ter tempo para viver, viver de verdade, ao lado de todos os que o amavam, no entanto, isso não seria mais possível, visto que seu pulmão já estava completamente tomado e tinha metástase por todo o osso, as dores eram insuportáveis e estava cada vez mais difícil de respirar. Contudo, de uma coisa ele sabia, que não iria desperdiçar esses últimos momentos, e pediu a eles que gostaria de vê-los todos os dias, e se possível mesmo que os médicos não autorizassem, ele gostaria de ir à cidade onde nasceram, na praça onde os três subiram juntos em uma árvore, porém somente Sofia havia conseguido chegar no mais alto galho, os dois desistiram no meio do caminho.

Após esse desejo declarado, certo silêncio tomou conta do quarto em meio a choro e lágrimas, foi então que Sofia expressou que mesmo tendo conseguido chegar no mais alto galho, não teve valor, o que ela realmente desejava era ter chegado lá junto com os dois amigos.

Todos os dias, os amigos se reuniam à tarde para conversar e, incrivelmente, Marcos melhorou, estava mais feliz, mais compreensivo, e a cada dia ele aproveitava para ser uma pessoa melhor. E então chegou o grande dia, duas semanas após o grande encontro, todos estavam prontos para ir à cidadezinha que ficava no interior de um planeta chamado Terra, e assim aconteceu.

Na cidade, logo que chegaram se depararam com o mesmo arco da entrada, tudo parecia ter parado no tempo, somente as cores das casas haviam mudado, estavam mais coloridas; pararam na padaria que costumavam comprar picolé quando saiam da escola, e, lógico tomaram um picolé, e de repente os amigos foram reconhecidos por um outro amigo da mesma época, Jorge, que se apresentou e ficou um pouco contando de sua vida, e também trazendo lembranças da época boa que passou.

Após essa parada, entraram no carro a caminho da praça que tinha uma árvore enorme, que por algum tempo foi o desafio dos dois amigos – conseguir chegar até o galho mais alto. Como em toda cidade do interior, tudo é muito perto, então em menos de cinco minutos todos estavam diante da árvore desafiadora e linda, curiosamente, todos os três ao mesmo tempo exclamaram: "Essa árvore parecia muito maior!"

Os desafios, os obstáculos sempre serão enormes quando desconhecemos, quando somos comandados pelo medo, ou mesmo pelo ego.

– O Grande Encontro –

151

Sim, a forma com que enxergamos, sentimos e percebemos os fatos e as coisas quando vistos pela lente do medo e do ego sempre serão destorcidas, sempre serão ilusórias, e por tanto escravizadoras. Essas formas invertidas que são demonstradas pelo medo e pelo ego são responsáveis pela maioria das doenças físicas, mentais e espirituais, pois como não existe congruência entre os sentimentos, o coração adoece, e por conseguinte a vida empobrece e o espírito morre quando o corpo ainda vive, deixando o dono do corpo sem opção senão continuar fingindo que vive, obedecendo e repetindo, seguindo e sofrendo a dor de não ser livre, mas fingindo a alegria da liberdade, acreditando que possui o livre-arbítrio sem sequer saber como escolher, e assim continua achando que vive, porém sua essência que morta se encontra, se enterra cada vez mais com as escolhas contrárias que são feitas por meio do ego e da ilusão que comanda o que lhe resta de vida.

Aquela tarde simples, com um passeio em uma praça, de uma cidadezinha localizada no interior de um planeta chamado Terra, tinha sido o que de melhor um homem fez nos últimos trinta anos de vida, assim disse Marcos, emocionado e agradecido aos amigos, não conseguia se conter e começou a falar do quanto havia sido injusto com pessoas humildes que acreditando nele, por ele foi enganada, que entregando as suas esperanças nas palavras por ele dita, perderam o pouco que tinham, e assim iniciou a falar do tanto de injustiça que agora reconhecia ter feito, e do tanto de tolices que cometeu para adquirir mais e mais dinheiro, em busca de um poder e tranquilidade que nunca encontrou, pois todo tempo tinha que continuar ganhando, e quanto mais ganhava, mais precisava mentir, enganar e ludibriar outros tantos. Tudo isso pensando em juntar dinheiro, muito dinheiro, muitos patrimônios, enfim, tantos que agora iria deixar tudo para sua esposa e filhos, porém em sua mente algo o assombrava: "Como eu poderei deixar esse tipo de herança para meus filhos que tanto amo? Como posso deixar isso tudo para os amados da minha vida se tudo isso é fruto de sofrimento de outras tantas pessoas humildes? Como posso deixar esse dinheiro para minha família se eu sei que é fruto de mentira, desvio e de roubo? Eu sei que é um dinheiro ilícito", assim confessava Marcos a seus amigos, e foi então que perguntou em um ato desesperado, o que fazer.

Depois desse momento Marcos sentiu-se muito emocionado e começou a apresentar dificuldade de respirar, tudo foi ficando muito sério e o único jeito foi levá-lo imediatamente para o único hospital da região, um hospital público. Ao chegar na emergência, Marcos que era muito conhecido foi imediatamente atendido e colocado no oxigênio, enquanto aguardava o resgate que o transferiria para o hospital da cidade grande que também se localizava em um planeta chamado Terra. No entanto, Marcos não teve tempo de voltar, não teve tempo de mudar a sua história com os outros, não teve tempo de viver, a estrada da vida acabou para ele naquele momento.

A vida nos fornece muitas oportunidades de rever e alterar nossos caminhos; a vida sempre nos fornece oportunidades de sairmos da roda da afirmação e passarmos para roda da transformação; a vida sempre nos oferece momentos importantes para que possamos aprender a sermos melhores; a vida sempre nos entrega pedras preciosas em forma de pessoas vivendo conosco para que possamos aprender a união; a vida sempre tem paciência de explicar o caminho através das escolhas que nos fornece, o difícil é escolher sem ver, sem enxergar, sem escutar, sem ouvir, sem sentir, sem perceber, e ainda assim acreditar que está fazendo escolhas. E quando o tempo termina não temos mais tempo de aproveitar todas as benevolências da vida e nos deparamos com as tolices e as dores de não termos feito a coisa boa, de não termos sido a melhor pessoa para nós e para os outros. Quando o fim do caminho chega precisamos sentir e dizer que conseguimos dar o melhor de nós mesmos!

Esse foi o final da caminhada na Terra para esse Marcos. Quantos desses ainda estão por aqui?

Quanto a João, continua na luta por mostrar que é possível, sim, vencer os vícios sejam quais forem, continua a ajudar as pessoas e a ser admirado por muitos e não entendido por outros, continua a realizar seu ideal de vida. Quantos desses temos por aí?

– O Grande Encontro –

Não diferente Sofia, está crescendo, desenvolvendo seus talentos a cada dia, desenvolvendo também sua fé e, aos poucos, conquistando o que realmente desejou sua vida toda: ensinar! Ensinar é o ideal de vida de Sofia e para isso hoje ela continua dedicando seu tempo. Quantas Sofia existem por aí?

No final dessa história apareceram alguns personagens relevantes que nos levam a questionar. Estamos falando do filho de Sofia, Marcelo, que continua a viver a vida como se estivesse andando em uma montanha russa o tempo todo, negando seus medos, colocando-se como um super-herói. Quantos desses conhecemos?

Não poderíamos esquecer da família de Marcos, que herdou muito dinheiro e muito patrimônio, tanto que ninguém nunca precisou trabalhar. Sua esposa mudou-se para Europa e vive até hoje preocupada com o último modelo de bolsa Louis Vuitton que vai adquirir. Uma de suas filhas entrou para política e seguiu o caminho do pai e vive hoje em busca de armazenar dinheiro. O outro filho nada faz, só o que quer é como ele diz, viver a vida, e efetivamente não consegue construir nada. Quantas pessoas conhecemos semelhantes a essas?

Essa história é muito conhecida de todos, pois é a história da humanidade que hoje se encontra dividida, grande parte correndo em círculos, outras em linha reta, mas sem objetivos, e outra parte caminhando para cima, buscando algo mais. Onde você se encontra nesse momento?

Boa Sorte!

EPÍLOGO

Despedida – até breve!

Esse livro tem como principal objetivo iniciar o processo da Alquimia da Transmutação, trazendo exercícios a serem praticados e vivenciados.

Com o Volume I acredito que todos conseguirão iniciar a trajetória do autoconhecimento, da aceitabilidade, do perdão e da gratidão, desenvolvendo em sequência os sentidos básicos da vida.

Tenho certeza de que cada um que chegou até o final desse primeiro volume, exercitando e vivenciando tudo o que aqui é proposto, alcançou a claridade na luz da sua essência, iniciou a iluminar seu interior e com isso a ver o que realmente é viver como um ser livre.

Acredito que todos que assim fizeram, iniciaram a se despontarem como guerreiros, rompendo com padrões, crenças e medos imaginários ou implantados por outros, dessa maneira trouxeram para si os seus padrões, os seus valores, transformando assim sua própria existência.

Viver a integridade, liberando perdão e expressando o amor universal é a continuação impecável do caminho desse guerreiro ou guerreira que aqui começou a atuar!

O caminho do guerreiro, a lapidação da Pedra filosofal, seus movimentos, funções, atribuições e expansão e os dons serão trazidos no próximo volume. Espero por todos novamente!

Finalizo essa publicação com esse magnífico texto extraído do livro *Assim Falava Zaratustra*, para meditação de todos.

Os Discursos de Zaratustra – Das Três Transformações

Três transformações do espírito vos menciono: como o espírito se muda em camelo, e o camelo em leão, e o leão, finalmente, em criança.

Há muitas coisas pesadas para o espírito, para o espírito forte e sólido, respeitável. A força deste espírito está bradando por coisas pesadas, e das mais pesadas.

Há o quer que seja pesado? – pergunta o espírito sólido. E ajoelha-se como camelo e quer que o carreguem bem. Que há mais pesado, heróis – pergunta o espírito sólido – a fim de eu o deitar sobre mim, para que a minha força se recreie?

Não será rebaixarmo-nos para o nosso orgulho padecer? Deixar brilhar a nossa loucura para zombarmos da nossa sensatez?

Ou será separarmo-nos da nossa causa quando ela celebra a sua vitória? Escalar altos montes para tentar o que nos tenta?

Ou será sustentarmo-nos com bolotas e ervas do conhecimento e padecer fome na alma por causa da verdade?

Ou será estar enfermo e despedir a consoladores e travar amizade com surdos que nunca ouvem o que queremos?

Ou será submerjirmo-nos em água suja quando é a água da verdade, e não afastarmos de nós as frias rãs e os quentes sapos?

Ou será amar os que nos desprezam e estender a mão ao fantasma quando nos quer assustar?

O espírito sólido sobrecarrega-se de todas estas coisas pesadíssimas; e à semelhança do camelo que corre carregado pelo deserto, assim ele corre pelo seu deserto.

No deserto mais solitário, porém, se efetua a segunda transformação: o espírito torna-se leão; quer conquistar a liberdade e ser senhor no seu próprio deserto.

Procura então o seu último senhor, quer ser seu inimigo e de seus dias; quer lutar pela vitória com o grande dragão.

– Despedida - até breve! –

Qual é o grande dragão a que o espírito já não quer chamar Deus, nem senhor?

'Tu deves', assim se chama o grande dragão; mas o espírito do leão diz: 'Eu quero'. O 'tu deves' está postado no seu caminho, como animal escamoso de áureo fulgor; e em cada uma das suas escamas brilha em douradas letras: 'Tu deves!'

Valores milenários brilham nessas escamas, e o mais poderoso de todos os dragões fala assim:

'Em mim brilha o valor de todas as coisas.'

'Todos os valores foram já criados, e eu sou todos os valores criados.' Para o futuro não deve existir o 'eu quero!' Assim falou o dragão.

Meus irmãos, que falta faz o leão no espírito? Não bastará a besta de carga que abdica e venera?

Criar valores novos é coisa que o leão ainda não pode; mas criar uma liberdade para a nova criação, isso pode-o o poder do leão.

Para criar a liberdade e um santo NÃO, mesmo perante o dever; para isso, meus irmãos, é preciso o leão.

Conquistar o direito de criar novos valores é a mais terrível apropriação aos olhos de um espírito sólido e respeitoso. Para ele isto é uma verdadeira rapina e coisa própria de um animal rapace.

Como o mais santo, amou em seu tempo o 'tu deves' e agora tem que ver a ilusão e arbitrariedade até no mais santo, a fim de conquistar a liberdade à custa do seu amor. É preciso um leão para esse feito.

Dizei-me, porém, irmãos: que poderá a criança fazer que não haja podido fazer o leão? Para que será preciso que o altivo leão se mude em criança?

A criança é a inocência, e o esquecimento, um novo começar, um brinquedo, uma roda que gira sobre si, um movimento, uma santa afirmação.

Sim; para o jogo da criação, meus irmãos, é preciso uma santa afirmação: o espírito quer agora a sua vontade, o que perdeu o mundo quer alcançar o seu mundo.

Três transformações do espírito vos mencionei: como o espírito se transformava em camelo, e o camelo em leão, e o leão, finalmente, em criança.

Assim falava Zaratustra. E nesse tempo residia na cidade que se chama 'Vaca Malhada'.

Boa Sorte,

Até breve!

PENSAMENTO POSITIVO E LEI DA ATRAÇÃO – Por que não funcionam para todos?

Paulo Roberto Meller

Depois de tudo que já foi escrito sobre o tema, finalmente uma publicação com um conteúdo profundo escrito em linguagem simples, com uma forma dinâmica sobre os erros mais comuns que as pessoas cometem ao colocarem em prática o Pensamento Positivo e a Lei da Atração.

Quantas vezes você já se perguntou: Por que o Pensamento Positivo e a Lei da Atração não funcionam para todos? Nesta grande obra de Paulo Roberto Meller você vai encontrar a resposta e saber quais os principais erros cometidos por essas pessoas que as fazem não obter sucesso, você vai aprender a transformá-los em boas estratégias e descobrir alternativas práticas para aproveitar todo o potencial da sua mente e ser uma pessoa melhor sucedida.

Formato: 16 x 23 cm – 256 páginas

O QUARTO COPO – O SEGREDO DE UMA VIDA SAUDÁVEL

Dr. J. Luiz Amuratti

A partir da última frase deste livro você não poderá mais dizer: "Eu não sei". E então você viverá atrás de uma parede chamada Responsabilidade. Responsabilidade em ajudar as pessoas a descobrirem o que você já descobriu para você: "Qualidade de Vida é Ter em Você a capacidade de controlar a sua Saúde, a sua energia, Prolongando o sabor de viver num planeta tão maravilhoso chamado Planeta Terra!" Mas existe um impulso dentro de você, que não o deixa sossegado. Sabe como eu tenho essa certeza? Porque você está lendo este livro. E isso significa que interiormente você já comprou a idéia de ser um Agente de Mudanças na vida das pessoas. E de mudanças para o Melhor!

Formato: 14 x 21 cm – 120 páginas

Distribuição exclusiva

www.aquarolibooks.com.br